臨界點

葉劉淑儀 著

代序一：新型病毒是最大敵人

高永文醫生,GBS, BBS,JP
食物及衛生局前局長

香港由二〇一九年六月起，經歷了風高浪急的一年，先有歷時半年的社會事件，緊接其後是席捲全球的新型冠狀肺炎疫情，大家面對了最艱巨、最不尋常、最不安的一年，社會運動帶來的分裂、新型肺炎帶來的健康威脅，令本港的經濟、治安、醫療系統、政府管治等等，帶來前所未有的衝擊，對市民的生計造成很大的遺害。

對於一直敢言、正直的立法會議員葉劉淑儀，編寫《臨界點》一書，將香港這段艱辛日子及全球局勢作出分析，可令大家好好反思，好好思考如何讓香港走出困境，當中我對書中的其中一章〈瘟疫日紀事〉感受至深。

還記得二〇〇三年親歷沙士疫情的慘烈，這一役，同時令我及香港明白了一個道理，就是無論醫學有多發達，一個新型病毒便可以帶來嚴重的威脅，可造成重大的人命損失；而在疫情期間，公共醫療系統及醫護人員擔當了非常重要的角色，而作為醫護人員的天職，就是要好好治療和保護病人，即使是爆發疫症也絕不退縮，任何情況也不應犧牲病人的利益，這是作為醫護人員的底線，大敵當前，醫護人員更應團結一致、同心協力、齊心抗疫，時刻謹記，新型病毒才是我們的最大敵人。

我深信、我期望，只要市民與醫護人員，上下一心，減少聚眾、戴口罩、常洗手、不鬆懈、不氣餒，當此書出版之時，你們正閱讀這篇序言之日，香港已能戰勝新冠肺炎。

代序二：藏之名山，傳之其人

渾水
財經作家

我和葉太不算相熟，政治立場更是南轅北轍，在敏感議題互相不能說服對方。彼此階級背景和成長閱歷大不同，例如她支持警察，要清算罷工醫護，這都不是我認同的立場。我是永遠站在年輕人的一方，這點話要說在前頭。

她找我寫序言，我覺得壓力很大。愛葉太撐葉太的人會支持到底，大家都活在同溫層，輪不到我寫序幫葉太打書，葉太根本就無這個需要，只是現在的社會氣氛嚴重撕裂，壁壘分明，我當借葉太的場跟她的忠粉說幾句話。在葉太的著作上有一點不稱其心意的真話，是對她的作弄，我不想放過作弄葉太的機會。葉太的路線行下去，她跟年輕人會越來越遠，社會將更撕裂，但她有她的角色，若把香港的事跳躍至中美角力的維度去看，她也無可奈何，只能堅定走下去。區議會選舉新民黨大敗，但她也只能再押下去，不惜代價，聰明的她不是不知，而是不能為。

在社會運動早期，我在自己的 facebook 帖文說我可以聯絡葉太，把網民的意見向她反映，反應非常熱烈，不乏罵她的也不乏溫和中間路線。商人階級的我本來不應淌這渾水，那陣子我天真，還抱有丁點修補社會撕裂的赤子之心，我把網民意見整合完交給她和她的助理。她是行政會議成員和立法會議員，約見年輕人算是她份內工作。立場雖不同，禮貌上和倫理上我應該多謝葉太收集了意見，其他行會成員連意見都不接受，包括那位姓陳的，當然後來社會進一步撕裂，陣營之間的對話空間已經失去了，我也不能再天真下去。

疫症期間，金融界很被動，當時我有一個金融倡議，就是釋放 MPF 提款權和停供MPF，這政策倡議後來在財經媒體紅過一陣子。我先跟泛民的朋友説了，不被接納，後來葉太覺得大有可為，拿了我的想法跟張建宗説。葉太接受的官僚歷練是頂級的，她很懂得找生存空間，好像這類無意識形態爭議的政策，當然馬上做文宣博好感。

建制陣營中她扮演不討好的極端角色，形象鮮明，反對派對她恨之入骨。有一些政治操作她的確比泛民高章，現在香港的政局被美國關注，反對派進攻國際線，葉太也看穿國際線的藍海。有兩次她和泛民同飛美國見美國的議員及官員，她總是比泛民快一步出聲明和召開記者會，佔話語權。政敵雖可恨，但好的東西卻要學習參考。

愛她的支持者自然會買她的書，恨她的則嗤之以鼻，大家都會把葉太的文字看成小冊子式的口號。自己陣營的東西要看，但對家的都要參考，正如我性好自由，也會讀毛澤東的文章、錢其琛的外交筆記、《共產黨宣言》和希特拉的《我的奮鬥》等。建制派懂字的議員不多，葉太是其中一個，她書寫英文會比中文流暢，寫得「真」一點。葉太是建制重點一員，觀其言、察其行可見整個陣營的變動和政治版圖的改變，她的文字不一定是口號式投誠護航，或會搶佔話語權，或會攻擊商界，或會和其他人合縱連橫，這些小處如果遺漏了，就欠缺審時度勢的格局思維。比方說，當她指責政府出tender買口罩愚蠢，你就知道防疫的紅線在哪，黨罵不得，但罵特區政府，可以。當她出草案搞地產商，你就知道建制陣營的地產商和她的關係不太咬弦，這種不咬弦又是紅線之下容許的同室操戈。

有人寫書是為了著書立說，成一家之言。葉太是實幹政客，不是理論家，她寫書比較像藏之名山，傳之其人。她的政治動作很飄忽，很難猜測她在想甚麼。葉太的「年輕人起機論」在網絡和政壇歷久常新，跟她的、打她工的人熙來攘往，不乏投機分子和阿諛奉承之徒。我知道她很想要一位既忠心，又有才幹，亦能繼承她衣缽和想法的年輕繼任人。這個人尚未出現，以現在的政治氣候，只怕到葉太退休都很難出現。

逃離香港是我人生最後歸宿，我對政治泥漿從不感興趣，既無利益關係，葉太也不必幫我起機。惟獨這樣，我亦不妨對葉太説幾句中肯真話，她身邊的馬屁精太多了，能夠講相反意見的人，只怕不多。

序於二〇二〇年四月

Facebook: https://www.facebook.com/muddydirtywater/

自序：黎明前的黑暗

葉劉淑儀

二〇一九年六月至今，香港經歷了驚濤駭浪的一年，從此變得不再一樣。

二〇一八年，香港仍是一片風和日麗，高鐵及港珠澳大橋先後於九月及十一月開通，兩項重要基建落成，風調雨順，迎向未來。

修訂《逃犯條例》震散香港

到二〇一九年二月，特區政府因為陳同佳案，提出修訂《逃犯條例》。原以為只是簡單的修例，誰料事情醞釀到六月，變得一發不可收拾，六月九日的反修例大遊行後，「和平遊行」一去不復返，香港經歷史無前例的政治震盪，抗爭的暴力程度一次比一次嚴重，從掟磚到掟汽油彈，從堵路到佔領大學校園，還有污損踐踏國旗國徽、包圍警署、到處縱火、燒天橋，甚至燒人！

大量老師及年輕人被捕，本已讓人心痛不已，泛民議員更竟然販賣「留案底讓人生更精彩」這種是非不分的價值觀，實在叫人震驚、憤怒！

一年間，大家引以為傲的香港，繁榮穩定的國際大都會，頓成過去。香港人之間和平友愛的獅子山精神、守法守規尊師重道的特質，蕩然無存。百年繁華一朝喪，讓心愛香港的人非常憤慨。

赤裸裸的政治鬥爭

修訂一條條例就能使香港走到如斯境地？當然不是。我認為反修例抗爭是二〇一四年違法佔中的延續，既不是公民抗命，更不是違法達義，而是針對特區政治和中央政府一場赤裸裸的政治鬥爭，目標是奪取特區管治權。

我持續公開撰文分析及評論香港的政局發展。我認為香港基本上沒有種族矛盾、沒有宗教對立，社會上最大的衝突點，就是對國家的看法——港人是否認同自己是中國人、是否接受中國的主權、是否認同「一國兩制」。這一年來的政治風暴充份反映裂痕，港人接受「一國」之下的「兩制」嗎？還是只要「兩制」不要「一國」？

毫無疑問，香港已走到臨界點。

中央政府及特區政府應怎樣化解這些矛盾？區議會已經變天，立法會選舉及特首選舉就在眼前，未來幾個月的發展至為關鍵。怎樣才能消弭社會上的仇恨、對立，讓「一國兩制」行穩致遠？中央政府及特區政府，任重道遠。

年輕人越走越遠

常言道年輕人是未來的主人翁，可是有部份年輕人對過去不了解，對現在充滿怨懟，對未來感到迷茫甚至絕望。

他們沒有走過我們這代人走過的路，沒有目睹回歸前就香港前途的中英談判，不知道當年香港人對回歸祖國的恐慌。那時候人心惶惶，直至得到「一國兩制」的承諾，在《中英聯合聲明》的〈附件一〉裏詳細列明回歸後香港的制度及生活方式得以保留，香港人才舒一口氣。到九十年代，隨着各項細節在《基本法》落實，經人大通過，香港才呈現一片繁華，歌舞昇平。

他們不知道，當時是經過多少人的努力，才把香港的現有制度、我們的生活方式及人權自由保障，透過《基本法》落實下來。香港能順利回歸，得來不易，我們應該珍惜，而不是破壞，更不是脱離。

可惜，有些年輕人不明白這些，似乎越走越遠。我相信不單是我，您也同樣感到悲痛。

盼望光明在前

這年間，我懷着對香港的傷痛，寫下在《明報》、《經濟日報》、《經濟通》及「面書」刊登的文章，現在把文章重新編輯，整理成《臨界點》這書，相信是對今日香港最透徹的形容。

執筆時，新冠肺炎疫情有緩和迹象，暴力抗爭也有捲土重來之勢。香港雖已回不去，我仍誠心盼望，這是黎明前的黑暗，當黑暗過去，光明就在眼前。

書於五月天

目錄

第一章
瘟疫日紀事

第二章

只知抗爭的香港

第三章
中國不是美國問題的源頭

第一章

瘟疫日紀事

以郵輪或組合屋作隔離措施是否可行？

政府公佈多項抗疫措施，其中一項是有意將粉嶺未入伙的公屋暉明邨作為「臨時居所」，視乎需要給予沒有病徵的緊密接觸者作隔離觀察，同時亦會考慮給予有需要的醫護人員入住。由於暉明邨接近民居，四周亦有學校，不少粉嶺居民表示反對，擔心疫症一旦在社區爆發，後果不堪設想。我理解居民的不滿，也深深明白他們的憂慮。

有報道指香港大學微生物學系講座教授袁國勇指出，相信已經有新型冠狀病毒隱形病人來港，並在社區傳播。故此不排除會出現「超級傳播」，大量確診者及緊密接觸者需要隔離。香港人心惶惶，要找出令所有人百分百安心、執行上零風險的措施，可謂極為困難。

昔日大量越南船民來港，興建船民營也曾遇上多區居民反對。當年其中一個安置船民的方案是租船泊在岸邊，作為臨時船民營。如今政府亦可考慮租用鄰近香港水域的郵輪或大型賭船，作為隔離觀察的「臨時居所」。

此外，運輸及房屋局局長陳帆曾考察以組裝合成技術興建的過渡性房屋項目，指組合屋建築時間短、成本較低，兼且隨時可以拆走，表示大力支持。現時疫情嚴峻，特區政府在大嶼山竹篙灣一直預留六十公頃填海土地，作為香港迪士尼樂園發展第二期之用，惟該幅土地已閒置多年，如今政府大可與相關非牟利機構合作，在該處興建大量組合屋作為隔離「臨時居所」。

特區政府應帶領香港市民同心抗疫，靈活變通，考慮一切可行及能盡快落實的方案，懇請特區政府深思。

二〇二〇年一月二十七日 facebook

抗疫不能單靠封關及口罩

因應武漢肺炎疫情的發展，政府的抗疫措施成為傳媒焦點。我在二〇二〇年一月三十日復工回到立法會，也回應了傳媒朋友的提問。

我理解社會上有強烈聲音要求「全面封關」。然而，大家首先需理解何謂「封關」？封關的意思是關閉香港所有出入境口岸，包括機場，人流物流不得進出。因此，全面封關並不切實可行，是不必要的。根據專家預估，疫情可能長達數月，香港無法長期封關成為孤島，不准有需要的港人、內地人或來自其他國家的人士來港。反之，禁止來自疫區人士入境才是針對性措施。

相對地，特區政府應該加大力度，重點落實針對性措施，包括利用大數據，密切追蹤雙程證來港人士的省份，預測及掌握有大規模爆發的疫區，禁止來自疫區的人士入境等等。同時，特區政府必須提高透明度，持續統一發放相關信息，讓市民安心。

此外，這幾天全城撲口罩，反映市民對於特區政府的抗疫措施沒有信心，可見穩定口罩供應是重中之重。醫療系統需要使用大量口罩，我認為特區政府必須確保有充足口罩供應予醫護人員及長期病患等有特別需要的市民。同時，特區政府應盡快落實本地生產口罩，據理解，目前懲教署使用的製口罩機器來自東莞，大約三十萬一台，而且佔地不大，香港的工廠大廈可以容納。特區政府應運送多台機器來港，經消毒等相關程序後，在香港開始本地生產，並把口罩列為儲備商品，禁止炒賣，穩定供應。

特區政府要加強宣傳，提醒市民做好個人及家居衛生，例如勤洗手，勤清潔，保持家居空氣流通，避免到人多擠逼的地方等等。

二〇二〇年一月三十日 facebook

口罩與封關的迷思

武漢肺炎疫情嚴峻，特區政府召開了幾次大型記者會，但在二〇二〇年一月三十一日的記者會上，除了宣佈延長停課外，並無其他「大招」。政府抗疫交白卷，市民失望，恐慌情緒蔓延，實在可悲。

就以口罩供應而言，特區政府便無法掌握準確數據，說不出具體貨量、供貨日期，也沒有主導口罩供應，反映官員只是因循既有模式做事，變相要靠民間自救，靠私人企業、民間組織或志願團體四出搜貨，或賣或派，可是供應量始終有限，造成通宵排隊及坐地起價等現象，反映政府主導口罩供應的重要性。

主導口罩供應　派發應分優次

不過，我不建議政府仿效澳門或新加坡，每人或每家派口罩。這種做法雖得一時掌聲，可是以目前口罩供應量而言，根本難以持續，派得了第一次，也派不了第二次。

而且，希望市民明白，口罩使用應有優次，應首先分配給必須使用口罩的人士，即是前線醫護、中西醫診所、牙醫、安老院及交通服務員工等，此外還有長者、長期病患、劏房戶、綜援戶及必須上班的有需要人士。

至於其他市民，適宜聽從專家袁國勇教授的意見，減少外出，盡量留在家中，提高個人及家居衛生意識，勤用酒精搓手液潔手、保持空氣流通、注意保暖等；長者及兒童更應留在家中，減低感染風險。

政府應主動號召及聯絡社會上有供應網絡的團體或人士，號召他們把手上的口罩貨量捐出，交給政府，再由民政署統籌，妥善有效地把口罩分發給有需要人士，免卻大量市民、特別是長者通宵排隊之苦。

未雨綢繆　增本地口罩生產線

另一方面，我認為政府應該盡快建立懲教署以外的口罩本地生產線。要做不難，據知現在懲教署使用的機器來自東莞，也有港人在內地設廠，政府應盡快把機器及原材料運來香港，利用空置政府工業大廈、八鄉少年警訊活動中心大禮堂及基地內空地、或教育局轄下空置校舍等作為廠房；經消毒等相關程序後，盡快開始本地生產。需知道疫情不是一次性的，政府要把眼光放長遠一點，未雨綢繆，下次疫情來襲，至少不用那麼狼狽。

關閉人流多口岸

除了口罩供應，另一個焦點是要求「全面封關」。我曾指出，全面封關非切實可行，香港不能禁止所有人流物流進出，機場也不能關閉。然而，社會上的封關訴求，是一刀切禁止所有內地人入境，即是假設所有內地人都是病患，那是封人不是封關，其實假期過後入境的，絕大部份是香港人，當中不乏回國內度歲的人士，他們同樣有感染風險。疫情防控需要聚焦所有具感染風險的群組，而不是把抗疫變成政治操作，或歧視一部份人。

相對地，我認為加強旅客的不便，從而減少人流流動，才是上策。政府可策略性關閉人流頻繁的口岸，把入境人數遏至最低，例如關閉羅湖及落馬洲這兩個連接火車線的口岸，截斷隱形患者經火車傳播病菌的機會；又例如限制飛機過境旅客只能過境不能入境等。

政府亦應利用大數據，密切追蹤雙程證來港人士的省份，預測及掌握有大規模爆發的疫區，禁止來自疫區的人士入境。抗疫措施要具針對性，比起口號式訴求有效。

此外，有政黨要求政府以包機接滯留武漢的港人回港，我認為決定派包機前要先理順港人去機場的交通安排、回港後十四天隔離檢疫場地等問題。根據政府資料，現時在武漢的港人大約有一千六百人，他們健康安全，若輕率行動反而會為他們製造更多困擾。因此，較適宜的做法是請他們暫時留在原地。

勿自亂陣腳　防疫由個人做起

而根據報道，目前武漢機場人手不足，可以運作的時間很短，其他國家的包機亦未獲准許降落。再者，飛機內同樣有交叉感染的風險。

誠然，這次疫情嚴峻，市民當然憂心，但我仍希望市民不要自亂陣腳，防疫由個人做起，至重要是聽從袁國勇教授的建議，做好個人及家居衛生，減少外出，注意手部清潔。政府更加要提高透明度，加強宣傳，統一發放資訊，減低市民恐慌

讓我們同心，一起渡過難關。

二〇二〇年二月七日《經濟日報》

關閉落馬洲及羅湖口岸

二〇二〇年一月三十一日，我與新民黨常務副主席黎棟國與行政長官會晤，提出多項抗疫建議。

當中包括進一步關閉羅湖及落馬洲這兩個連接火車及人流頻繁的口岸，把入境人數遏至最低，從而截斷隱形患者經火車傳播病毒的機會；特區政府亦應盡快開展懲教署以外的口罩本地生產線，以及主導口罩的穩定供應，以安民心。另一項重要建議是向市民提供有關疫症的全方位資訊，加強資訊流通及透明度。

在此感謝特區政府全數採納了我們的建議，行政長官在二月三日的記者會上，宣佈繼於一月封閉六個口岸後，再關閉包括落馬洲及羅湖兩個有大量鐵路旅客來港的口岸，新民黨對此表示歡迎。

我留意到有部份市民要求關閉香港所有口岸，包括香港國際機場。但我要指出，現階段一旦關閉機場，除了會嚴重破壞香港作為國際民航樞紐的地位外，更可能令美國，甚至澳洲及加拿大等其他國家，拒絕讓香港人入境，後果難以估計。

目前政府只保留了三個口岸，包括港珠澳大橋及深圳灣。事實上，香港與內地的聯繫十分緊密，很多香港人都要每日過關上班、上學。另外，很多外國公司都在香港、廣州及上海設有分公司，外國人取道香港往返內地，是有需要的，故此，全面封關並不切實可行，作為國際城市，香港必須保留通往國際社會的通道，以維持香港的國際地位。

至於加強資訊方面，特區政府除了設立 facebook 專頁「添馬台」闢謠及發佈疫症相關資訊外，更開設了「新型冠狀病毒感染——香港最新情況」即時資訊專頁，當中包含確診個案及仍住院接受檢查個案等數字、個案確診日期、感染個案地區分佈等即時資訊、版面設計及資訊顯示簡潔易明，值得一讚。

雖然特區政府近日才意識到加強疫症資訊流通及透明度的重要性，但總算「有心唔怕遲」，希望他們繼續在發放有關疫症資訊方面增加透明度，讓市民大眾安心，同心抗疫。

二〇二〇年二月三日 facebook

緊急應變系統有否啟動

武漢肺炎疫情爆發以來，常有傳媒朋友要我為特區政府的抗疫表現評分，我都不便回應。事實上，我相信行政長官形容自己及官員們不斷加班、不眠不休等等，不是假話，只是仍然未達到市民的期望。

政府手忙腳亂

疫情發展至今，市民大致聚焦四個階段：之前是封關及口罩短缺，最近則是武漢港人及郵輪港人能否回港。

而到目前為止，市民主要認為政府沒有急市民所急，決策滯後又不果斷，每一步都比澳門政府慢，而且沒有主導口罩供應及限制價格，讓不良商人把口罩抬至天價，市民一罩難求，自然怨氣沖天。

在我看來，若計工作時數，政府是很勤力，但在市民眼裏，政府便顯得手忙腳亂，倒瀉籮蟹，有勞無功。

依本子辦事

特區政府有沒有依本子辦事？答案是有的。

根據食衛局的文件顯示，政府在二〇一九年十二月三十一日得知武漢有二十七宗不明原因的病毒性肺炎個案後，食衛局局長隨即在二〇二〇年一月二日主持了跨部門會議，討論如何應對，並於一月四日宣佈啟動「嚴重應變級別」（Serious Response Level）。

一月七日，行政長官會同行政會議，通過把「二〇一九新型冠狀病毒急性呼吸系統病」納入《香港法例》第五九九章《預防及控制疾病條例》（Prevention and Control of Disease Ordinance），並於一月八日刊憲。一月三十日起逐步關閉口岸，直至二月四日關閉羅湖及落馬洲口岸，香港十三個口岸已關掉十個，把出入境人流遏至最低。隨後又於二月八日起實施十四日強制檢疫等等。

港英年代有大型演練

伴隨無盡的會議及記者會，政府工作似乎沒停，為甚麼仍然失分？「甩轆」位在哪裏？我認為問題出在特區政府整體應變能力不足，緊急應變系統「生鏽」。

由港英年代開始，政府有一套歷史悠久行之有效的「緊急應變系統」（Emergency Response System），主要由保安局負責統籌整個政府的緊急應變措施。當中最高層次的委員會，回歸前是由港督領導的「總督保安事務委員會」（Governor Security Committee），回歸後改稱為「行政長官保安事務委員會」（CE Security Committee）。

緊急應變系統不單用來應付公安事件或恐怖襲擊，而是包括但不限於風災、火災、大型車禍、山泥傾瀉或重大衛生事故等等大規模緊急事故。那時候，每當有重大事故發生，緊急應變系統啟動，各個政策局便要提供當值官員（Duty Officer），各級官員組成當值隊伍，輪流在下亞厘畢道政府總部地庫的應變中心通宵當值、收料。我相信很多退休或資深政務官都有當值「風更」、「水更」的經歷，我還記得應變中心儲備很多乾糧，應付我們通宵達旦工作所需。

此外，保安局每隔三至五年便會統籌整個政府進行大型演練，該年度會專門開設一個首長級編外職位，通常由外籍政務官負責，以豐富的想像力及經驗來「度劇本」，模擬各種大型事故及應對措施，例如空難、船民湧入、核電廠爆炸如何疏散等等。

舉例說，八十年代我們演練過突然大量船隻泊岸，大批船民湧入　我們如何控制人流，做衛生檢疫，防止疾病傳播，尋找隔離設施等等，說起來和如今的疫情控制異曲同工。

在緊急應變系統下，政府上下各個部門各司其職，環環相扣，才能迅速有效地應對各種事故。也許回歸後，這個系統已淪為紙上談兵，疫情來襲，政府不知所措。

律政司欠發揮

另一方面，律政司的角色理應相當重要，因為政府要快捷準確地掌握法例，知道在哪種緊急狀況下，可以運用哪條法例、哪些權力。可是在今次的抗疫過程中，律政司司長的作用，例如向市民解釋相關法例等等，接近零。

不敢宣佈「公共衛生緊急事態」

我留意到政務司司長張建宗在二月七日的記者會上，只是說行政會議通過訂立《若干到港人士強制檢疫規例》和《預防及控制疾病（披露資料）規例》兩條規例，卻沒清楚說明，行政長官會同行政會議是根據《香港法例》第五九九章《預防及控制疾病條例》，把香港列入「公共衛生緊急事態」（Public Health Emergency），才得以訂立該兩條規例的。

我認為公佈香港已進入「公共衛生緊急事態」是重要的，可讓市民明白狀況，加以配合，更可讓罷工工會明白，他們的罷工是不合法不合理不道德的。我不知道政府有何顧慮，為甚麼不敢宣佈香港進入「公共衛生緊急事態」。政府有權不敢用，未能加快處理危機，例如限制口罩價格、徵用某些設施或郵輪、禁制醫護罷工等等。

不過，目前疫情未過，要蓋棺定論，為時尚早。但願疫情盡快過去，我們早日回復正常生活，屆時再論政府功過。

二〇二〇年二月十七日《經濟通》

政府應禁制醫護非法罷工

由醫院管理局員工組成的新工會「醫管局員工陣線」發起的醫護罷工行動已進入第三天。工會聲稱有超過七千名會員參與罷工，當中包括三百七十位醫生，佔全醫管局醫生大約百分之六，護士則超過四千五百人，以及過千名專職醫療人員等等。

醫管局表示由於公立醫院會有大量醫護人員缺勤，緊急服務受到嚴重影響，例如有醫院的新生嬰兒深切治療部有一半護士缺勤，部份醫院需要關閉急症科及急症病房。醫管局呼籲員工盡早回到崗位，同心抗疫。

就着這次罷工，我研讀了《基本法》及《香港法例》第三三二章《職工會條例》。根據條例，職工會有權罷工，但這些權利並非絕對。根據條例，職工會應只專注與其行業有關的事情，以及僱主與僱員之間的關係。例如僱員工時過長、沒有超時津貼或員工福利被嚴重剝削等，皆可以是採取工業行動的理由。

但是，這次工會發起罷工的目的是挾逼政府要求「全面封關」（工會代表公開表明罷工目的是要求醫管局向政府公開施壓），醫管局行政總裁高拔陞醫生表明這些要求屬醫管局權力範圍以外，而工會要求的談判對象是行政長官，要求公開會面。他們口中「封關救港」的訴求、所謂的工業行動，根本與行業完全無關。因此我認為是次罷工完全不符合《職工會條例》，亦違反《基本法》；由於參與罷工的醫管局職員屬於公職人員，他們根本是非法罷工，並且煽惑其他醫管局職員加入，是公職人員行為失當。

我強烈建議特區政府向法庭申請禁制令，飭令他們停止罷工。假如參與罷工的人士仍然不願返回崗位，醫管局應該採取適當的紀律行動。

二〇二〇年二月五日 facebook

視察饒宗頤文化館

隨着疫情持續擴散，政府決定徵用饒宗頤文化館內的賓館「翠雅山房」作為隔離營。有美孚居民認為隔離營不應設置在社區，擔心相距屋苑不遠，隨時會出現社區爆發，因此發起集會抗議，最後演變為警民衝突。

文化館前身曾是荔枝角醫院，原址多年來歷盡變遷。上世紀大量華工經英資公司招募和販運到南非當礦工，這批華工需要在香港集合暫住，當時英國人在此興建臨時華工居所，俗稱「豬仔館」。其後一度改為控制疫症蔓延隔離站，直到一九二〇年改建為荔枝角監獄。監獄其後再修建成傳染病院，專門負責醫治麻風病人，直到一九四八年改名為「荔枝角醫院」，曾是天花、霍亂等疫病的隔離所。

這天我親自到饒宗頤文化館一帶視察，位於山上的文化館人煙稀少，離美孚民居尚有一段距離。而且專家都指出新型冠狀肺炎主要是靠飛沫或糞便傳播，感染者均是與病患者曾親密接觸的人士，港大微生物學系講座教授袁國勇早前亦表示文化館位置與民居有很大距離，作為檢疫中心是可以接受的，對周邊市民也安全，看不到有甚麼需要擔心。

疫症當前，我們不應該過度恐慌或抱着「各家自掃門前雪」的心態。我在此懇請各位市民不要反對把翠雅山房改為隔離營，更不要試圖肆意破壞已故宗師饒老先生留給我們的文化遺產。只要全港市民同心協力一起抗疫，我相信香港必定會渡過這次難關。

二〇二〇年二月六日 facebook

海外香港醫生關注醫護罷工

很高興讀到年輕朋友Dr. Charles Ng投稿二〇二〇年二月八日《南華早報》「Letters」欄目的文章Coronavirus Outbreak: Medical Workers On Strike Putting Hong Kong Lives At Stake，表達他反對「醫管局員工陣線」發起罷工行動的意見。

Dr. Ng指出，參與罷工的醫護人員不但影響市民大眾，亦增加同僚壓力，因此相關醫護人員應盡快返回工作崗位，並且認為醫管局需要向他們問責，不然相關員工日後只會繼續有恃無恐，隨意罷工。

Dr. Ng是港大醫學院培訓出來的醫生，他畢業後在醫管局工作數年，獲得特區政府的卓越獎學金後，負笈美國著名約翰霍普金斯大學（Johns Hopkins University）深造，進修公共衛生及管理課程。由於醫管局沒有員工停職出國進修的條款，他只好放棄醫管局的工作。

雖然他身在美國，但仍然非常關心香港疫情、醫護人員罷工事件，以及口罩供應短缺等問題。記得我收到第一批託友人於日本購入的口罩時，同事們紛紛圍着幾箱口罩拍照，雖然數量有限，但亦舉黨歡騰，反映目前香港的確是「一罩難求」。我也拜託他能否在美國東岸搜羅口罩寄回香港，讓我們分發給有需要的市民？他義不容辭表示會研究口罩供應鏈的問題，盡量想辦法幫助香港人。

醫生、律師、會計師、從事金融及資訊科技等專業範疇的人士，在香港素來吃香。我認識不少朋友投身相關行業也是為了高薪厚職，甚少年輕人像 Dr. Ng 那樣，願意放棄厚祿遠赴外地進修，並且持續關心社會。像他這種人才在香港買少見少，反映香港教育制度太功利，只有「術」的教學，而欠缺「道」的教育。例如這次發動或支持罷工的醫護人員，看來於「道」方面仍欠體會，他們提出與醫護行業無關的「五大訴求」、「罷工救港」等口號，可見他們只是政治掛帥的一群。特區政府每年在教育花上超過一千二百億的資源，結果卻培訓出一群政治淩駕專業的醫護人員，叫人惋惜。

二〇二〇年二月八日 facebook

退休高官請纓當抗疫義工

政務司司長張建宗以電郵致函予所有政府部門首長，告知新冠肺炎肆虐，疫情愈趨嚴峻，要求各部門容許轄下職員，在工作性質及環境許可的情況下，自願協助多個「重災部門」，例如衛生署、民政事務署及社會福利署等，擔任一些非醫療、非專業，但具有行動性質的緊急工作。

張司長予各部門首長的電郵內容如下：“...I write to appeal for your full support in releasing your staff where practically possible to take up some operational but non-medical / non-professional tasks to provide urgent support for the work of, and to be assigned by, the Department of Health（DH）/ Home Affairs Bureau and its Departments（HAB）/ Social Welfare Department（SWD）.”

換言之，張司長並非呼籲公務員同事上前線擔任醫生、護士或社工，而是聽從「重災部門」的指示及調動，提供適當協助。此通告輾轉流傳至傳媒手中，當中有部份內容被誤解及扭曲，以為是強迫公務員同事參與具危險性的抗疫工作，事實並非如此。政府只是希望各部門首長呼籲轄下職員、合約形式聘用的員工等自願參與一些不需要專業醫療知識的工作，例如接聽查詢及求助電話、聯絡近日被困在世界夢號郵輪上的乘客、巡視環境等等，希望一眾公務員在此艱難時刻，自願多出一分力，同心抗疫。

特區政府亦歡迎已退休的公務員參與。我很高興新民黨中委譚榮邦先生願意挺身而出，並已報名參加相關工作。雖然他年過七旬，但無畏無懼自願參與抗疫工作；據知亦有多名已退休的政務官表示願意幫忙。他們這種願意在艱難時刻挺身而出、大公無私的精神，實在值得我們敬佩。

二〇二〇年二月九日 facebook

為醫護罷工苦主發聲（一）

雖然「醫管局員工陣線」已宣佈停止罷工，但罷工數天，公立醫院服務已受到嚴重影響。醫管局多次向公眾表示受影響的服務範圍包括新生嬰兒深切治療部、急症科、產科及心導管實驗室服務等等。醫管局聯網服務總監楊諦岡指出，由於專職醫療及放射技師等部門罷工人數較多，部份服務要關閉，對病人住院檢查亦造成影響。

此外，我收到不少前往東區醫院求診的年長市民反映，罷工期間的醫療服務受到影響。我呼籲需要緊急醫療服務、接受手術的人士或長期病患者，假如你們在工會罷工期間的醫療服務受到影響，歡迎聯絡新民黨。我們的法律團隊成員，將會為受影響的市民提供義務法律諮詢服務，研究向工會進行民事索償。

我的呼籲一出，反應十分踴躍。一日內已收到二十多個求助個案。部份影響較輕微，投訴者主要表達情緒上的不滿，而比較嚴重甚至緊急的個案有十多個，需即時跟進。

求助者當中，有幾位癌症患者因受到罷工影響，需押後治療。其中一位原定接受放射治療，但獲醫院通知，治療需押後至五月。眾所周知，腫瘤科治療是與時間競賽，治療取消，患者自然非常擔心。

亦有心臟病患者原獲安排做搭橋手術，同樣因罷工而改期。亦有受工傷的傷者，原需入院檢查，以向僱主索償，同樣被取消了。他既無法工作，也得不到應有賠償，感到非常無助。

由此可見，這次醫護罷工對市民的影響非常嚴重。身為專業醫護人員，應克盡己任，保障市民的生命健康。現在卻因政治上的不滿，置市民健康於不顧，需予以嚴厲譴責。

相對地，絕大部份求助個案，並非為了向他們索償，而是希望我代為聯絡醫管局，盡快為他們恢復診治服務。市民的無奈，更突顯罷工醫護的自私。

二〇二〇年二月九日、十日 facebook

為醫護罷工苦主發聲（二）

我在社交媒體呼籲，將會向受「醫管局員工陣線」罷工影響的病人及家屬提供義務法律諮詢服務，一連兩天反應踴躍，後來又接到三個較嚴重的求助個案，他們都是在醫護罷工期間，到公立醫院求診的病人。

第一位是前往屯門醫院求診的女士。她原本於二〇二〇年二月四日到屯門醫院進行視網膜脱落手術，醫生指她的視網膜有七成機會脱落，屬於高危個案，需要盡快接受手術。可惜遇上屯門醫院的相關醫護罷工，因此無法進行手術，需要重新排期。

另一位是在聯合醫院診治，有長期病患的長者。他原本也是在二月四日複診，可惜當日該院因有醫生罷工未能為他診斷，只好取藥回家休養。

另外一位是前往律敦治醫院求診的男病人，他已排期兩年進行大腸瘜肉手術，原本安排於二月十二日進行手術，可惜最終取消，要重新排期輪候。他感到非常憤怒，因為大腸瘜肉若延誤治療，有機會演變成癌症，他表示會追究到底。

以上三位病人均對醫護罷工感到憤怒及無奈。該名需要進行視網膜脫落手術的女士來電求助，希望我能幫助她追討賠償。到聯合醫院求診長期病患長者的女兒，則表明會保留追究權利。至於被迫取消大腸瘜肉手術的男病人，對話中多次表示非常憤怒，同樣表明會保留追究的權利。我收到他們的求助後，已立即將個案轉介予醫管局行政總裁高拔陞醫生，希望醫管局盡快排期為他們治理。

二〇二〇年二月十一日 facebook

多倫多專科醫生的十點關注

自從我在社交媒體呼籲將會向受「醫管局員工陣線」罷工影響的病人及家屬提供義務法律諮詢服務後，連日收到不少市民求助，亦有居於海外的港人來電，其中一位來自加拿大多倫多的癌病專科醫生，提供了十點寶貴意見，在此和大家分享。

一、初期癌症病人存活率達百分之九十五，但假如當中有醫療延誤，可能影響其存活率；他表示醫護人員罷工等同殺人。

二、放射性治療、磁力共振掃描（MRI）及電腦斷層掃描（CT）這些單位，在加拿大及不少西方先進國家均受到法律保護。他表示目前全球集中應對新冠肺炎的情況下，肺部進行磁力共振掃描非常重要。

三、他認為假如放射性治療部門主管或職員竟然在此時罷工，理應馬上解僱，並指出癌症在加拿大屬於緊急病症，絕不能因為工業行動而延誤治療。

四、在加拿大假如有人身穿醫療輔助隊「義務急救員」制服出現在騷亂現場即屬違法，這些人應該被拘捕。

五、醫院衞生水平一定要做到最高標準，從而減低感染風險。他質疑香港醫管局為何容許醫院內出現連儂牆或塗鴉，難道醫管局管理層欠缺基本醫療知識？他建議基於衞生理由，應盡快移除及清理相關示威宣傳品。

六、他認為醫院內不應有任何示威活動。因為病人情緒較易波動，假如他們受到參與示威的醫護人員鼓動，身心如何保持平穩狀態？如何令病人放心？

七、他要求我跟進那些參與非法罷工的人士，因為他們影響市民的生命安全，亦會打擊香港優秀的醫療系統。

八、香港是否有醫療註冊制度？如有的話，為何不撤銷那些參與非法罷工醫護人員的登記？

九、他表示作為癌症專家，擔心政務司司長張建宗仍在接受癌症治療的話，其身體會較為虛弱。他認為張司長不應太過操勞，託付我再三問候。

十、假如香港的醫療制度崩潰，醫療服務未能滿足市民的合理需求，香港政府應保送病人到外地就醫。正如加拿大的醫療系統負荷過重時，會將病人送往美國接受治療。（註：我知悉不少加拿大人面對該國醫療系統不勝負荷，嫌輪候時間太長時，會自費前往美國求醫。但香港鄰近地方是內地及澳門，特區政府若要保送病人到境外就醫，在目前疫情嚴峻的情況下，無疑此路不通，執行上會遇到困難。）

二〇二〇年二月十二日 facebook

為防疫抗疫基金執漏

行政長官於二〇二〇年二月十四日宣佈成立「防疫抗疫基金」，涉及不少於二百五十億元撥款，並表示將提交到立法會財務委員會，呼籲議員支持。

我認為，經過過去七八個月的社會動盪，加上疫情的影響，政府宣佈派錢，用意是良好的。不過，翻查基金涵蓋的範圍，卻頗有疏漏。

基金最受普羅市民批評的地方，相信是涉及派發現金津貼的部份。特區政府表示，將會向二十萬戶低收入家庭，每戶派發五千元。但眾所周知，政府派錢過程繁複、屢受批評。雖然勞工及福利局局長羅致光解釋，將首先向政府有資料的人士，如正接受在職家庭津貼或書簿津貼的家庭發放津貼。但到底如何落實、保障公平，依然成疑。

更重要的是，今次受疫情影響的市民，又豈只這二十萬戶？無論是其他三無人士、打工仔以至中產都大受影響。打工仔被迫放無薪假、減薪甚至裁員，已非新聞。故此，消息一出，不滿聲音不絕於耳。新民黨一直認為政府應向全港市民發放現金或消費券，只要是十八歲以上持有香港身份證並於香港居住的人士，就可獲得一萬元，讓全港市民一起受惠。

另外，向物業管理公司提供二萬六千元津貼，以及向火炭駿洋邨及粉嶺暉明邨公屋輪候家庭提供六千元津貼，亦與新民黨向政府建議的思路相同。

政府又建議向中小學、幼稚園及特殊學校的學生，額外提供一千元津貼，即由二千五百元增至三千五百元；並由教育局撥款，向自資或資助幼稚園和幼兒中心提供資助。但就如黨友容海恩所指，其實學前兒童，以至學童父母同樣應該獲得資助。例如因學校停課，很多家長的工作都受影響。故此，容海恩建議財政司司長陳茂波在即將發表的財政預算案內，加入惠及家長的措施，如為幼兒發送二萬元的新生利是等。

在行業資助上，向旅行社、持牌小食店、零售店等發放一筆過八萬元現金津貼，持牌小販可獲五千，大型食肆則獲發二十萬元。雖然有大型旅行社如新華旅遊表示津貼太少，但事實上香港大部份旅行社均是中小企，這八萬元可說是及時雨、救命錢。

新民黨一直敦促特區政府協助本地旅行社，如動用旅遊業賠償基金向旅行社發放十五萬現金津貼。雖然政府現在宣佈資助八萬，較我們建議的少，但若未來市況沒有改善，新民黨將繼續為業界爭取額外撥款。

另外，特區政府宣佈向二十四萬地盤工人發放一筆過撥款，亦表示會協助會展、文化及創科業，行業涵蓋的範圍也頗多。但特區政府遺漏了亟待協助的運輸業。無論旅遊巴、跨境交通，均因旅遊業停頓而大受影響，小巴、的士司機都因疫情而收入大減，影響生計。故此，我認為特區政府應盡快落實協助佔全港十八萬勞動人口的本地運輸業，將影響減至最低。

同樣地，行政長官表示會協助文化及演藝界。但將如何落實，目前仍未交代。從防疫抗疫基金的設立，可看到特區政府的思路是先着眼於自己的圈子內。例如協助創科，則先集中在科學園及數碼港的公司。僱員再培訓局因疫情而停課，合作機構受影響，立即獲得資助。至於其他與政府關係不密切的，則愛莫能助了。這是特區政府一貫的運作模式，但並不能全面顧及市民的需要。

雖然疫情對本地市道帶來嚴重影響，但從另一角度看，其實可以紓緩香港的租金壓力。眾所周知，香港的物價比鄰近亞洲城市，以至歐美還要高。要保持香港的競爭力，物價必須下調，而租金一向是導致香港物價飛漲的主要成因之一。

事實上，自反修例運動開始，已有部份業主帶頭減租，減幅高達三成。然而，依然有大業主如領展等始終不肯減租。我認為在短期供應無法增加的情況下，行政長官應「御駕親征」，主動要求各地產商減租，為香港的復甦打下基礎。

二〇二〇年二月十五日 facebook

封關是防疫的萬應靈方？

若與鄰近城市作比較，香港目前的確診個案比新加坡及日本少。以日本為例，撇除鑽石公主號上的確診人數，目前是五十八宗。而新加坡則是七十二宗，且有社區擴散的趨勢，總理李顯龍警告，當地經濟可能步入衰退，情況令人擔心。

有市民批評特區政府不封關，令港人暴露於疫情之下。是不是封關就可以對抗疫情？容我分享新加坡及澳門這兩個例子。

新加坡早在二〇二〇年二月一日已禁止內地遊客或十四天內到訪過內地的遊客入境，亦不准過境的內地旅客入境。而香港則是在二月五日，才要求曾經往返內地的遊客及港人，需接受十四日隔離觀察。

那為甚麼新加坡的疫情比香港嚴重？首先，新加坡與香港一樣，都是重要的國際交通樞紐。新加坡樟宜機場平均每八十秒便有一架飛機升降，比美國大城市如紐約甘迺迪機場及三藩市國際機場，以至杜拜國際機場還要頻繁。因往來人數眾多，自然比較容易出現確診個案。

BBC一篇文章Coronavirus: Why Singapore is so Vulnerable to Coronavirus Spread指出，於一月中，一家國際公司在新加坡某豪華酒店舉行國際商業會議，有百多位來自不同國家，包括內地的員工出席，結果疑似出現集體感染，並一星期後傳遍世界各地。馬來西亞第一名確診者，是一名四十一歲的男子，正是曾往新加坡參加該次會議。另一名參加會議的英國確診者，後來前往法國滑雪，結果在法國、英國及馬略卡等地感染了十一人。

新加坡與香港另一相同之處，是兩者均與內地有緊密接觸。內地遊客是新加坡旅遊業的主要客源。特別在反修例運動後，很多內地人改往新加坡旅遊。疫情爆發，新加坡的餐飲、旅遊、零售大受打擊。現在新加坡的確診個案繼續急升，可見封關與否，並沒有必然關係。

另一個例子是澳門。很多人稱讚澳門政府抗疫工作非常出色，但要留意的是，其實澳門並沒有封關，與珠海的聯繫依然頻繁。憑着適當的檢疫措施，如量度體溫、健康申報，澳門已十多天沒有出現新的確診病例。

我閱讀了一篇專家文章，指出一個人是否受感染，主要基於三個原因：包括病灶、個人免疫系統及環境因素。若社會的人與人接觸較多，例如喜歡飯局、圍爐共聚，則較容易受感染。故此澳門採取果斷措施，雖然會打擊經濟，但依然決定立即關閉賭場。另外戲院、夜總會等亦要停業十五日。當人流減少，自然有助圍堵病毒。由此可見，真正阻止疫情擴散的方法，是減少人民聚集，而封關並非防疫的萬應靈方。

回說香港，其實往返內地的旅客已大為減少，「打邊爐家族」、「酒家聚餐」等事件，已令港人對社交聚會場合有所警覺。現在，大部份市民已減少出外活動，重視個人衛生，特區政府亦採取了很多有效的檢疫措施。我相信香港的病毒擴散情況，會在一兩個月內受到控制。

當然，香港仍要面對不少挑戰，例如要處理滯留湖北及鑽石公主號上的港人返港安排。我相信只要全港市民同心協力，政府事不避難積極有為，最後定能衝破這些難關。

二〇二〇年二月十六日 facebook

要求菲律賓政府取消禁令

二〇二〇年二月二日，菲律賓政府宣佈，為阻止疫情擴散，禁止國人前往內地、香港及澳門。自禁令發出後，很多市民包括「香港家庭傭工僱主協會」向我們求助。協會主席容馬珊兒表示，有部份傭工回國休假後無法返港工作，另新聘傭工亦無法履職。香港很多在職婦女，以至家有長者的家庭均需要傭工協助，此禁令對他們影響甚大。另外，傭工也面臨失業，生計出現問題。自禁令實施後，該會每天接獲二十至五十宗求助個案。雖然該會曾聯絡香港入境處及菲律賓駐港領事館，可惜一直未收到確切回覆。

香港和菲律賓的交往一向非常頻密，除外傭外，香港聘請了很多菲律賓教師、音樂工作者及金融從業員。故此，我於二月十三日約見了菲律賓駐港總領事拉里德哈達（Raly L. Tejada）、領事沙保羅（Paulo V. Saret）及海外勞工辦事處專員Antonio R. Villafuerte，反映市民的困難。總領事德哈達表示，今次事件並非由外交部負責，而是涉及多個部門，包括衛生及勞工部等。他每日都收到很多求助個案。

我向他表示，願意親自前往菲律賓，向部長級官員陳情。他表示願意安排。

我與黨友容海恩議員於二月十七日約見入境事務處處長曾國衞，向他反映上述問題。他表示，得知菲律賓政府正在考慮當中，相信短期內將有確切回覆。同日下午，菲律賓外長洛辛（Teodoro Locsin Jr.）在社交網站貼文，表示已經向香港當局承諾，會在兩星期內重新審視禁令，讓國人恢復前往香港。

菲律賓外交部隨後宣佈撤銷部份出境到內地和港澳的禁令，容許任職家傭的公民返回香港或澳門工作，估計數以千計任職家傭的公民能夠短期內起程前往港澳，重新投入工作。

我一直積極跟進外傭相關議題。除了約見菲律賓駐港總領事拉里德哈達，我亦和「香港家庭傭工僱主協會」主席容馬珊兒積極交流，了解外傭及僱主在疫情下面對的困難。她表示至今收到大約四百位外傭僱主求助，希望傭工可盡快回香港工作。此外亦有不少中介公司有疑慮，疫情下外傭的合約條款會否受到影響，要求約滿十四天內回國暫緩執行等問題。我也積極向入境事務處處長曾國衛反映。

在此再次感謝菲律賓政府關注我們的訴求及作出積極回應，並感謝他們對香港防疫工作投下信任一票。

二〇二〇年二月十七日、十九日 facebook

醫護罷工違背港人信任

由「醫管局員工陣線」發起的醫護罷工暫時停止，但他們表示未來有可能再次發動罷工。同時，香港護士協會主席李國麟立法會議員亦表示考慮罷工，正研究採取工業行動。事件在社會上引起廣泛討論，有意見認為醫護人員應恪守天職，特別在疫情嚴峻的危急關頭，應盡全力照顧病人，保障市民健康。

例如在二月五日，香港中文大學醫學院教授梁秉中醫生及香港大學醫學院楊紫芝教授等人於《南華早報》發表文章 Hong Kong Medical Staff in Hospital Walkout Need to Put Duty Above All，表示對醫護罷工感到憂心。他們提醒醫護人員，應該謹記入職時的《希波克拉底誓詞》（Hippocratic Oath）及《南丁格爾誓言》（Nightingale Pledge），在任何情況下，都應為病人提供最好的醫護服務。若他們擅離職守，會令醫院人手短缺，影響醫療服務質素，對病人構成嚴重影響。故此，醫護人員應將個人政見放在一旁，目前最重要的責任是對抗疫情。

事實上，自從新民黨表示會為受影響的病人及家屬研究向罷工醫護追討賠償後，一直收到求助個案。部份病人更向我們訴說，因罷工迫使癌症治療改期；更有一位病人懷疑因為護士人手不足，導致失救致死；可見醫護罷工的確為病人帶來負面影響。

然而，社會上有另一種聲音，認為醫護人員應先行保護自己，才考慮救人。例如在二月八日，一位署名 Dr. George Chan 於《南華早報》發表題為 Doctors Do Not Take an Oath of Martyrdom 的文章，指醫護人員不應將自己暴露於危險之下，應該在保護自己的前提下才盡力救人。醫護人員不需要做「烈士」。

但我要指出，世界上很多行業都有其危險性。我在投稿《南華早報》的文章 Medical Staff Strike Betrays Trust of People 中表示，例如消防員、警察及海關的工作都有危險，三名海關關員於執勤時更不幸殉職。即使是醫護人員，為病人進行放射性治療時要暴露於輻射之下；醫生診治可怕的伊波拉病毒，難道沒有危險？若按照 Dr. George Chan 的邏輯，難道醫護人員應拒絕這些工作？

再者，無論任何行業，其薪酬理應反映了工作的危險性。醫護人員決定投身這行業之前，亦應該早已理解工作上的風險。現在醫護人員表示因擔心疫情而罷工，這是否明顯地不合理？

誠然，香港特別是公立醫院的醫護人員工時長、壓力大。醫護人員面對保護物資不足的問題，亦必須正視。但如果因害怕危險而卻步，這正正出賣了香港人對他們的信任。

二〇二〇年二月十八日 facebook

為醫護罷工苦主發聲（三）

二〇二〇年二月十九日，我和一批病人家屬，出席了「醫護罷工苦主大聯盟」召開的記者招待會。

自從我在二月九日公開呼籲受「醫管局員工陣線」醫護罷工而影響治療的病人與新民黨聯絡，至今共收到二十三宗個案，當中較嚴重的，包括四宗癌症、四宗腫瘤、三宗視網膜脱落、一宗白內障，亦有多發性腦硬化症及心臟病患需要接受搭橋手術等等。

眾所周知，腫瘤科治療必須與時間競賽，愈早介入治療愈有保障，延誤治療有可能影響患者的病情及壽命，影響非常嚴重。

另有一位女士原本於二月四日到屯門醫院進行視網膜脱落手術，醫生指出她的視網膜有七成機會脱落，屬於高危個案，需要盡快接受手術，可是遇上該醫院相關的醫護人員罷工，因此無法進行手術，需要重新排期。

我的首要責任是協助患者盡快得到治療，因此，我第一時間把個案轉介醫管局行政總裁高拔陞醫生，促請醫管局盡快為他們重新排期，接受治療。可是，亦有病人不幸離世。

有一位骨枯病人，二月五日到博愛醫院急症室求診，輾轉於二月七日再入屯門醫院留醫；當晚家屬回家後，仍有與病人通電話，卻在午夜收到醫院通知，表示病人上廁所失救，已過身。

另有一位家屬表示，外公於一月二十六日年初二因為頭暈入了瑪麗醫院，但是在疫情期間家人不能探病，當時院方表示未能找到病源。二月七日，家屬獲通知醫護罷工，人手不足，外公插尿喉細菌感染，醫院沒人手化驗感染甚麼細菌，只開了抗生素，但並不成功。病人轉到葛亮洪醫院，並已昏迷，於二月十一日去世。

我聽到這些個案感到十分難過，希望家屬節哀。由此可見，這次醫護罷工，對市民的影響非常嚴重。身為專業醫護人員，本應克盡己任，保障市民的生命健康，並不能因為政治上的不滿，置市民健康性命於不顧。

這些死因不明的個案需要做死因聆訊，基於事實及法律判定死者的死因。個案的苦主表示保留法律追究權利，新民黨願意為他們提供法律支援。

二〇二〇年二月十九日 facebook

為醫護罷工苦主發聲（四）

「醫管局員工陣線」於二〇二〇年二月三日至七日發起一連五天的公立醫院醫護人員罷工行動，結果令大批病人受到影響。新民黨早已表明會為各位病人跟進，協助他們及家屬索償及追討應有的權利。

兩位原本在罷工期間接受視網膜手術的病人向我們講解病況。其中一位病人說，原定於二月四日接受修補視網膜脫落手術，但因為負責手術的醫生參加罷工，當日手術取消，需延遲至二月十八日才由同一位醫生為他進行。二月二十日，該名參加罷工的醫生為他拆線，但他依然無法恢復視力，眼前漆黑一片。醫生告訴他，因做手術的黃金時間已過，需在六個星期的康復期後才知道視力能否恢復，若不，可能需要進行多三次手術。這位苦主還向我們表示，因視力問題，無法工作，慘被解僱，生活陷入困境，現在徬徨無助，非常無奈。

第二位苦主同樣在二月十八日，原定由一位參加罷工的醫生為他進行視網膜修補手術。慶幸是他的病情較輕，目前情況穩定。

視網膜脱落屬於急症，需即時處理。記得有次我為眼睛作定期檢查，醫生發現我的視網膜穿了一個小孔，立即安排我入院接受手術。醫生表示，若視網膜破損甚至脱落，眼睛內的感光細胞會因失去養份供應而喪失視力功能，嚴重者可導致失明，故必須盡快治療。

由此可見，醫護罷工令市民受到不必要的傷害，有病人可能永久失去健康，這群不負責任的醫護人員實在責無旁貸。

為協助這兩位苦主，新民黨將會轉介他們到社會福利署申請綜援，及向房屋署申請暫緩繳交租金。而聖雅各福群會的食物銀行亦會聯絡他們，提供緊急協助。不過，即使他們能成功申請綜援或索償，但可能永久失去寶貴的視力，實非金錢所能補償。

兩位苦主均表示，今次最希望的，是我們能為他們討回公道，並阻止醫護人員再次罷工，危害病人生命與健康。

二〇二〇年二月二十一日 facebook

探訪劏房戶　了解基層困苦

二〇二〇年二月二十五日，我和黨友容海恩、社區發展主任劉文杰及孔永業，到深水埗探訪弱勢社群。

香港社區組織協會多年來協助很多劏房戶及新來港人士，據知他們長期聯絡接近一萬戶弱勢人士，並且急需口罩等抗疫物資，因此這天我們贈送一萬個口罩及大批酒精搓手液到協會的深水埗總部，並在幹事施麗珊小姐引領下，探訪該區的劏房戶。

相信大家都知道，劏房戶環境惡劣。廚廁共用、一間劏房共住多戶人家、通風系統欠佳以及大廈內外堆積垃圾等情況常見；雖然空間狹小，但現時劏房租金接近二千元，廚廁共用的劏房租金更高，有小孩的住戶更面臨隨時被趕走的風險。

施小姐告知，現時劏房租戶絕大多數是來自本地的獨居人士，當中不乏長期輪候公屋、久久未能上樓的長者。近年輪候公屋時間愈來愈長，希望政府認真檢討房屋政策，除了實施租務管制，將劏房租金加幅限於合理水平外，亦應該增加房屋供應，減低這些長者輪候公屋之苦；即使興建過渡性房屋增加的數量有限，但小量總比完全沒有好。其實此建議我早於二〇一六年十二月已提出，希望政府早日接納，以解決現今社會部份住屋問題。

我們探訪的劏房戶當中不乏有小朋友的家庭。他們的生活空間非常狹小，有些更是數名小朋友共住同一張床，這對他們成長以及身心健康均有很大影響。特別是他們最近因受疫情影響而停課，每天只能待在家中進行網上學習，部份小朋友因缺乏兒童口罩不敢外出，故此已連續二十多天沒有出門，在家十分鬱悶，他們的苦況讓我感到十分難過。我們送上八盒兒童口罩予香港社區組織協會，希望幫助有需要的小朋友，協會成員笑說我們已是送贈兒童口罩的「大戶」了。

探訪完畢後，我們在深水埗街頭遇上不少街坊大吐苦水。他們表示疫情影響下經濟已接近停擺，市道慘淡，如今他們已成失業人士，可說是手停口停，生活非常困苦。

二〇二〇年二月二十五日 facebook

疫情擴散證明世界是平的

過去兩年，美國利用粗暴的政策將中美兩國的經濟分拆，例如對中國入口貨品加徵極高關稅，又禁止美國科技公司出售電子零件予中國，甚至要求美國公司將設在中國的生產線撤走、移回美國生產。可見美國自總統特朗普上場後，蓄意斷絕兩國合作關係，以遏止中國冒起的勢頭。

記得在二〇〇五年，美國作家托馬斯．弗里德曼（Thomas Loren Friedman）出版了一本講述廿一世紀初期全球化過程的名著《世界是平的：一部二十一世紀簡史》（*The World Is Flat: A Brief History of the Twenty-first Century*）。書中談及世界因互聯網的應用、科技發展，以至發展中國家帶來的動力，令「世界正被抹平」，傳統國家及大企業的優勢正在消失，世界各國漸漸連成一體。例如美國蘋果公司生產的手機，很多配件及組裝工作都是在中國生產及進行。就像內地官員經常掛在嘴邊的一句話：現在中美關係是「你中有我、我中有你」，大家早已連成一體，難分你我了。

不知大家記不記得，當新型冠狀肺炎於中國武漢爆發時，很多外國人對中國冷嘲熱諷，批評中國人的飲食習慣、衛生標準差，以至輸出病毒等等。但當我們看看現在世界各國的情況：疫情在韓國、日本、伊朗及意大利大爆發，確診人數已遠高於香港。執筆時，意大利的確診人數達八百八十九人，疫情蔓延到整個意大利北部。

美國亦出現六十三宗確診個案，數目雖然比香港及新加坡低，但當地人已開始緊張，原因是其中兩宗分別在俄勒岡州及加州的個案，受感染者並沒有去過中國，亦沒有與其他病者接觸，懷疑是在社區受到感染。消息令當地市民搶購糧食及日用品，情況就如香港在疫情爆發初期時一樣。

更重要的是，美國的防疫工作做得非常差。例如在加州北部，一名懷疑感染新型冠狀肺炎的女士，在重重官僚的阻撓下，竟在入院後十一天才能接受病毒測試。加州州長加文紐森（Gavin Newsom）表示，加州至今有至少八千四百人列入監察名單，但政府只有二百六十套測試病毒的設備，根本不足以應付。

特朗普出席國會會議（二月二十九日）時便遭追問如何應對疫情。大家翻出當年特朗普削減美國疾病控制與預防中心（CDC）經費一事，批評他的防疫工作完全不及格。

面對疫情不斷擴散，美國股市下跌了整整一個星期。二月二十八日晚收市，道瓊斯指數下跌三千五百八十三點，跌幅達百分之十二，標準普爾一百指數亦下跌了百分之十一點五，上市公司市值蒸發了三萬四千億美元。可見市場對疫情的看法十分悲觀。

回想內地以嚴厲措施抗疫，遭外國批評手法獨裁。現在內地的疫情雖然仍然嚴峻，但已有緩和跡象。相反，美國在內地大爆發之後才出現確診，在充裕時間下仍手忙腳亂，則更加不堪了。

上述情況間接證明「世界是平的」。當別的國家出事，千萬不要冷嘲熱諷，亦不要幸災樂禍，因為大家都是一體，今天病毒在我家出現，明天則可能回傳到你家去了。

二〇二〇年二月二十九日 facebook

美防控疫情準備差劣

我在二〇二〇年三月二日晚上出發到三藩市，至三月九日凌晨離開，在這七天期間，美國的新型冠狀病毒肺炎疫情起了翻天覆地的變化，感染及死亡人數急劇上升。當我抵埗時，只有華盛頓州及加州出現確診個案，合共一百二十四人感染，六人死亡。在華盛頓州，主要是西雅圖郊外一間護老院有一群長者集體感染，人數有限。但當我離開時，美國的感染個案已急升至七百〇九宗，共二十六人死亡。

在美國逗留的一星期裏，我目睹很多熟悉的現象。美國與香港一樣，因為受到「公主號」的影響，出現不少確診個案。至尊公主號共有二千五百多名乘客及千多名船員，截至三月六日，共有二十一名船員和乘客受感染。加州居民出現恐慌，均不希望船上人士登岸。至尊公主號在海上拋錨多日後，在我離開時，加州政府才決定讓這艘郵輪在奧克蘭靠岸。

縱使美國的感染數字急劇上升，但不論是在我住宿的三藩市，抑或是在釀酒區納帕谷（Napa Valley），都沒有人戴口罩，亦沒有人使用酒精搓手液。當地不像香港那樣，公共地方如商場外設有消毒地氈、電梯按鈕每小時消毒一次；在那邊，可以說社區內是完全沒有任何防疫措施的。而餐館或機場等公共場所的坐廁均沒有設置上蓋，而且沖水力度甚強。換句話說，倘若有帶菌者剛上過洗手間，後果不堪設想，社區散播的機會甚高。

而最令我吃驚的是美國副總統米克．彭斯（Mike Pence）在第一次公開談及疫情時，竟然說他們不夠測試藥劑。作為一個先進大國，這是完全不可能的。而他在第二次談及疫情時，又指他們有一百萬支測試藥劑，但醫療專家卻指出其實只有十多萬支。特朗普將美國缺乏測試藥劑的責任，推到前總統奧巴馬身上。

截至三月十五日，美國的確診個案已升至約三千六百八十宗，六十九人死亡。繼有明星及名人確診後，NBA 宣佈停賽，觀看球賽是美國人每晚最受歡迎的體育節目，停賽對美國人來說絕對是警號。而美國亦宣佈封關，並由原先三月十三日起，向歐洲神根地區二十六個國家實施的禁令，於三月十六日起，擴展至英國和愛爾蘭。這些「極端」措施顯示，美國政府終於感覺到是次疫情的嚴重性。

美國抗疫的最大問題，是缺乏測試藥劑。但這對於全世界最富裕、科技最先進的民主大國來說，是十分荒謬的。三月四日，特朗普指摘上屆奧巴馬政府對私人實驗室加入規管要求，只准聯邦政府層面的實驗室進行臨床實驗。不過，疾病管制與預防中心（CDC）的主管已解釋，當年奧巴馬規管的，是要求私人實驗室自行研發的測試藥劑，須得到食品藥品監督管理局（FDA）批准才可使用，以確保藥劑的質量。但這個要求最終並沒有真正落實。

食品藥品監督管理局在二月二十九日表示，因應新型冠狀肺炎疫情爆發，特朗普政府已經放寬限制，免去FDA冗長的審批，准許私人實驗室自行研發及使用測試藥劑。其實早於二月五日，疾病管制與預防中心已向全國的私人實驗室發出放寬限制指引。再者，美國醫保制度並不包括美國人到私人化驗所進行病毒測試，據了解，一次測試收費高達二千美元，一般人未必能負擔如此高昂的費用，大大削弱美國的防疫效率。

三月十三日，特朗普宣佈美國進入緊急狀態，並指在頒佈緊急狀態後，他將可調撥五百億美元（約三千九百億港元）抗疫。相信特朗普將在短期內落實多項措施及援助方案，以對抗日益增加的確診及死亡個案。

二〇二〇年三月十五日及十八日《明報》

為醫護罷工苦主發聲（五）

早前新民黨表示，將為受二月份「醫管局員工陣線」罷工影響的病人及家屬，向醫管局、工會及罷工醫護人員索償，爭取應有的權利，結果接獲大量求助個案。除了已處理部份最緊急的個案，例如要求醫管局盡快為病人重新排期做手術外，我亦親自會晤部份受影響的病人及家屬。我於會面時表示，將與他們一起去法律援助署尋求協助。

二〇二〇年三月二日早上，我便聯同三位合資格申請法援的市民，一起到法援署，與署長鄺寶昌先生見面，並即時入紙申請。

我很高興署方細心聆聽每個個案，更即時為他們提供建議，例如受害人需要搜集的資料、手續程序，以至申訴所需的時間及可能面對的困難等等。特別是當受害人講到激動落淚時，他們毫不猶豫加以安慰。

我一直堅信，香港是法治社會，每位市民都受法律保障，人人平等。今次新民黨正是要協助社會上遭欺壓的一群，不受壓迫。我們將繼續密切跟進，為他們討回公道。

二〇二〇年三月二日 facebook

家居隔離十四天

我於二〇二〇年三月十七日因急事需要往珠海一趟，翌日返港並簽署由衛生署發出的強制檢疫令，開始在家自我隔離十四天，直至四月一日才回到辦公室工作及出席活動。我已就此知會立法會及行政會議，期間我會在家處理公務，如常工作。

家居隔離期間，衛生署人員每天均與我視像對話，提醒我必須啟動手機應用程式「Share Live Location」（過關回港時，衛生署人員已在我手機下載了該應用程式）功能，追蹤我的個人行蹤，更要求我即場拍攝家居情況，確保我正在家中隔離。下午，衛生署人員會再次來電，查詢我有否定時量度體溫，身體情況如何等等。至今我的體溫正常，身體一切安好。由此可見衛生署對於監察家居隔離的執行，做得頗為周到。

密切留意疫情發展

這段期間我在家如常工作，與同僚保持緊密聯繫，同時密切留意世界各地的疫情發展。

我留意到英美兩國領導均宣告該國進入「戰爭狀態」（Wartime）。美國人口最多的三大城市芝加哥、三藩市及洛杉磯均已進入封閉（Lockdown）狀態。加州州長加文·紐森（Gavin Newsom）根據州憲法及法例宣佈加州進入緊急狀態外，亦頒佈行政指令要求居民留在家中，如非必要不要外出，此舉預料全州約四千萬人受影響。我在電視上留意到這位州長的發言，他表示不希望以懲罰（Penalty）強制實施，而是希望市民大眾遵守社會約章（Social Contract），人人自律。除了提供緊急服務、有急切需要及購買必需品的人士外，其餘市民應留在家中，減少人群聚集，以防疫情蔓延。

英國首相約翰遜（Boris Johnson）下令無限期關閉全國的酒吧、餐廳、劇院、電影院、體育館等公共場所。這些極端措施當然會重創經濟，市民生活亦大受影響。但他表示「剝奪英國人去酒吧這種『古老的權利』是多麼痛苦」，也明白措施會令許多企業面臨困境，但為了防止疫情進一步蔓延，這些做法是必須的。美國及歐洲多個疫情嚴重的國家，亦早已採取相關措施。

香港疫情同樣嚴峻，確診個案急升，單是三月二十日的單日確診個案便達四十八宗，並有二十多宗初步確診個案；境外輸入個案外，亦有本地傳播個案。正如港大醫學院公共衛生學院公共衛生醫學講座教授梁卓偉指出，新型冠狀病毒在本地的「即時繁殖率」已高於「一」（即一名患者可傳染給多於一人），這現象或顯示本地即將有大型社區爆發，他更形容香港「正處於疫情爆發以來最高風險階段」。

香港為何不封城

我不禁問，疫情來勢洶洶，為何特區政府仍不果斷「封城」？

所謂「封城」，並非單是境外來港人士必須隔離十四天，而是效法其他國家地區，採取更嚴厲的防疫措施，包括禁止所有非香港居民入境，並且要求關閉酒吧等娛樂場所。

《基本法》第四十八條第四款列明，「香港特別行政區行政長官行使下列職權：決定政府政策和發佈行政命令」此條例雖然賦予行政長官相關權力，但回歸至今，從未有行政長官使用這條例，香港在普通法的法律基礎制度下，此條例亦不知如何行使。但正如食物及衛生局局長陳肇始所說，特區政府會不斷審視疫情發展，不排除加強現行措施，包括禁止非港人入境；她出席電台節目時也形容目前是「戰爭狀態」。

隨着確診個案不斷增加，本港醫療系統將難以負荷。為何特區政府不效法外國元首，及早採取一系列緊急措施?首先禁止沒有居留權的人士入境，其次是立刻要求非緊急服務的機構及商戶暫停營業。其實建制政圈內不少人正探討此問題，我們明白此舉會對經濟打擊甚大，但正所謂「長痛不如短痛」，相關措施能減低社區傳播，遏制疫情，讓香港早日走出困境。

二〇二〇年三月二十一日 facebook

禁酒令「唔湯唔水」

香港疫情日趨嚴峻，單日確診個案激增，但仍有市民不願減少社交活動，更有人不遵守隔離令，情況十分不理想。確診個案急升，除了外地輸入個案外，也有可能是市民防疫意識開始鬆懈，仍然有大量群聚及社交接觸有關，從近期爆發的「愉景灣婚宴」、「白色情人節百人派對」等數個「感染群組」，可見一斑。

行政長官於三月二十三日宣佈一系列新抗疫措施，包括所有非香港居民（不包括內地、澳門及台灣人士）乘飛機抵港將不准入境；更嚴厲打擊違反強制檢疫令人士；將修訂法例，就全港八千六百家食肆、酒家（領有酒牌的），停止售賣及供應酒類飲品等。

當中最具爭議的措施，相信是特區政府將會透過修例發出「禁酒令」，飭令全港八千六百間有酒牌食肆、酒吧、會所等，一律禁止售賣酒類飲品。我相信特區政府將會透過《香港法例》第五九九章第八條《預防及控制疾病條例》發出「禁酒令」，因為行政會議早已在二月七日宣佈香港已進入「公共衛生緊急狀態」，此舉可賦予特區政府權力制訂新的抗疫規例。

消息一出，不少酒吧及食肆經營者馬上提出抗議。香港酒類行業協會更直言「強烈反對香港特區政府禁止餐飲食肆提供酒精飲品。本協會認為禁止售賣酒精飲品欠缺邏輯，看不出這措施對抗疫有何幫助。如果因為聚集喝酒時感染便禁止提供酒精，按照這邏輯，如因聚集吃飯而感染，是否應該禁止食肆酒樓提供米飯？政府應該針對的是那些不負責任的人士」。

我也收到一位經營酒吧的市民投訴，要求特區政府賠償。行政會議同事張宇人也表示收到數百個投訴及要求特區政府賠償的個案。的而且確，政府公佈「禁酒令」，卻不飭令酒吧餐廳暫停營業的做法令人費解。雖然「酒吧不能賣酒」可能近乎沒有生意，但生意大受打擊下，酒吧亦可「轉型」售賣其他無酒精飲品及食品，例如果汁、無酒精雞尾酒（Mocktails）及小食等吸引顧客，繼續經營；另假如有市民光顧食肆時自攜酒類飲品又如何處理？是否禁止市民在公眾地方飲酒？此外市民亦可舉辦「無酒」婚宴、壽宴甚至派對，

「禁酒令」或可減少社區接觸，但並非完全有效。

特區政府何不乾脆效法英國政府「一刀切」政策，狠下心腸飭令全國所有酒吧、食肆及娛樂場所暫停營業？不少歐洲國家也採取極為嚴厲的措施，法國實施「全民禁足令」、德國則禁止兩人以上的集會，目的是限制人群聚集，阻止疫情蔓延。

對於香港為何不採取極端措施，我認為是因為特區政府擔心對市道打擊太大，令本已疲弱的經濟雪上加霜；此外亦要考慮可能面對巨額賠償的要求，及再推出一系列挽救經濟措施等財政問題。特區政府在多重考慮下，只好暫時採取此「唔湯唔水」的措施（Half-measures）了。

二〇二〇年三月二十四日 facebook

退休公務員加入義務抗疫團隊

特區政府因人手不足，呼籲退休公務員及義工加入抗疫團隊，義務協助疫控工作。新民黨中委、前郵政署署長譚榮邦率先應徵「入伍」，由二〇二〇年三月二十三日開始，在大會堂中心工作。據他說，現在每天下午三時至七時半「上班」，協助聯絡從深圳灣來港、需接受家居隔離的旅客。這些旅客主要是內地人，非常客氣，十分合作。當他們透過WhatsApp報告位置後，還會回覆「謝謝你」、「辛苦了」等等。起初他對程式的應用不熟悉，後來就習慣了。

有很多曾擔任高官的舊同事都有應徵，包括前工貿署署長麥靖宇、剛退休不久的前行政署署長蔡潔如，以及於回歸前曾出任運輸司的蕭炯柱等等。蕭炯柱熱愛音樂，曾任音樂統籌處主管，一直推動音樂教育工作。七十多歲的他仍舟車勞頓前來協助，實在十分難得。除他們幾位外，中心內還有很多熟悉的臉孔，雖然大家都戴上口罩，感覺十分窩心。

事實上，這是無償的義務工作，連車馬費也沒有，但同事們依然熱烈響應，我認為原因是大家一直受惠於政府長俸制，除忠誠度較高，亦有服務社會的心。

三月二十三日，公務員事務局局長羅智光到訪家居檢疫控制中心。他表示，有現職公務員下班後前來當義工，因每個中心內只有百多位員工，但要追蹤數千個案，工作其實頗為繁重。而政府即使要增加人手，最多只能調動數百人。我呼籲各位同事繼續支持這項工作，更重要是希望市民自律。

至於我本人，目前仍要接受家居隔離，不能出外，但因為要翻閱大量文件，亦要處理很多求助個案，依然不空閒。

二〇二〇年三月二十六日 facebook

被遺忘的「禁堂食」條文

行政長官於三月二十七日宣佈，行政會議通過了兩條規例，第一條是《預防及控制疾病（規定及指示）（業務及處所）規例》，另一條是《預防及控制疾病（禁止群組聚集）規例》。前者主要規管食肆的安排，以及暫時關閉六類表列的場所。而後者主要是暫時禁止群組聚集。規例宣佈翌日，食衛局局長陳肇始四出解畫，因這類條文存在不少灰色地帶，需逐一解釋，例如群組聚集的定義、是否禁止拜山、麻雀館及卡拉OK會否禁止營運等等。

但傳媒及市民卻忽略了其中一項關鍵：根據《預防及控制疾病（規定及指示）（業務及處所）規例》第一（a）所指：「要求餐飲業務停止售賣或供應供即場享用的食物或飲品，及關閉售賣或供應食物或飲品的處所全部或部份範圍。」換句話說，就是禁止「堂食」，餐廳只能提供外賣服務，相信對餐飲業的影響更大。但為何未有人關注呢？原因是政府尚未啟動，該規例需要由食物及衛生局局長發出指示，並在憲報刊登公告後才生效，每次有效期不超過十四日，當然十四日後可按實際情況再行決定是否續期。

特區政府宣佈上述兩項規例後，商界及經營者叫苦連天，更有傳媒批評特區政府剝削市民的娛樂。但其實從規例可見，特區政府可視乎疫情再出辣招，以遏止疫情。特區政府預留兩手準備，我認為合情合理。

我看了CNN一篇微軟創辦人蓋茨（Bill Gates）的訪問。早在二〇一五及二〇一七年，蓋茨已多次警告，預言人類將要面對一種傳染力極高的病毒，或會令上千萬人死亡，然而人類仍未準備好如何應對。如今回看疫情發展，世界各國倉卒應對，可見蓋茨的預言準確。

蓋茨又表示，要應對疫情，最有效的方法是倣效中國，採取極嚴厲的措施將全國關閉六星期，遏止病毒傳播。現在，中國已陸續恢復正常，對他來說是大好消息。

對於特朗普表示，計劃將紐約州、新澤西州和康涅狄格州實施檢疫隔離，但因反對者眾，迫使他很快便改口。蓋茨回應指，單獨封閉某幾個州或郡，對抗疫工作效用不大，因美國人一向自由出入，在州或郡之間往來。故此，他對美國的疫情頗為悲觀，估計在確診數目較低的地方，稍後將會出現幾何級數的增長，至四月尾才會到達頂峰。

蓋茨估計新型冠狀肺炎的死亡率將會在百分之一左右。現在政府應實施嚴厲的隔離措施，爭取時間開發疫苗及抗病毒藥物。對於美國政界近日經常討論一個兩難問題，到底應救人命還是救民生（Save Lives or Save Livelihood）?蓋茨表示，當然以人命為先，亦只有盡快把疫情遏下，經濟才能復活過來。

由此可見，現在各國政府應盡力阻止疫情擴散，故我認為特區政府於新規例中加入更辣的條款，相當合理。特別是現在有部份已移民外地的香港人，由於在當地無法接受妥善的治療，紛紛回港求醫，恐怕會再次帶起新一波疫情，香港的醫療體系將受到更大挑戰。

二〇二〇年三月二十九日 facebook

第二章

只知抗爭的香港

《逃犯條例》的本質

政府於二〇一九年六月十五日宣佈暫緩修訂《逃犯條例》後，亦在六月二十一日的新聞稿一再強調「政府已完全停止《逃犯條例》的修訂工作，本屆立法會會期明年七月結束，條例草案屆時將自動失效」。我認為政府已無政治能量重推修例。不過，這段期間，我們的地區同事屢遭反修例人士辱罵，我理解市民及地區同事的憂慮，於是邀請了湯家驊大律師向地區同事講解《逃犯條例》的內容，希望大家明白《逃犯條例》的本質。

《逃犯條例》的背景

湯大狀指出，國際間之所以有引渡安排，是基於一九九〇年聯合國通過了決議案，要求各國互相訂定引渡（Extradition）協議，共識以快速有效的方法，緝拿逃犯，打擊跨境罪行。自此國與國之間便根據聯合國訂定的範本，多國互相達成雙邊協議。由於香港並不是國家，因此並不適用「引渡」（Extradition）一詞，而是採用「移交」（Rendition）這字眼。

在一九九七年前，香港是按照適用於香港的英國法例移交逃犯，香港本身並沒有相關條例。接近回歸，港英政府將一些英國法例本地化，其中包括移交逃犯條例，訂定了香港的《逃犯條例》，並於一九九七年四月通過。當時，基於香港及內地的法制差異，條例訂明香港不會向中國移交逃犯。至於將來如何處理，當時只餘幾個月壽命的港英政府可謂無能為力，惟有留待回歸後的特區政府處理。

回歸後，香港先後與二十個國家簽訂了長期移交協議，其中包括菲律賓及印尼這些司法制度與香港有差異、在國際法治排名相對低的國家。但我們仍然與他們達成協議，因為雙方都認同有必要合作打擊跨境罪行。例如近年在本港時有所聞的電話騙案，干犯者可能身在印尼，因此這些跨境合作是有必要的，以打擊跨境嚴重罪行，特別是運毒、洗黑錢、向恐怖分子提供資金、偷運人蛇、網上及電話騙案等。而中國亦與大約六十個國家簽訂了引渡協議，其中包括四個歐盟國家：意大利、西班牙、法國及比利時。西班牙便引渡了九十四名涉嫌干犯電話騙案的台灣人到中國。

何謂移交逃犯？

湯大狀指出了移交逃犯安排的要點：

一、該逃犯所干犯的罪行並不在香港發生。如果干犯者在香港犯案，他會在香港受審，因此「港人港罪港審」只適用於香港人在香港犯案，或大部份罪行在香港干犯。典型的例子就是陳同佳，他干犯的謀殺案不在香港發生，香港法庭只能檢控他洗黑錢，不能檢控他謀殺或誤殺，可見「港人港審」是不可行的。

二、為何需要移交逃犯？因為逃犯在犯罪後離開了犯罪的地方，若不把他緝拿歸案，他便逍遙法外。例如一九九八年我處理過的張子強案，當年他涉嫌綁架及囤積軍火，但是香港這邊沒人報警指他綁架，只是後來他知悉警方揭破他囤積軍火，他逃到內地，卻被內地逮捕。由於香港與內地並沒有移交逃犯協議，所以沒能把他移回香港受審，最終在內地遭處決。當時的立法會促請特區政府與中央政府商討移交協議，讓這些逃離香港司法管轄區的逃犯得以移回香港接受審訊。

三、逃犯是指在其他地方犯案但逃到香港的人，以及觸犯了香港法例後逃到其他地方的人。自從一九九七年初香港通過《逃犯條例》後，香港與二十個國家簽訂了長期移交協議。二十二年來，成功移交的逃犯數目有一百零九人，最多的是美國，香港向美國移交了六十八人，而美國向香港移交了十八人。換句話說，每年成功移交的逃犯數目只有四至五人，而且均是干犯了嚴重罪行的人士，其影響面十分狹窄，亦不影響絕大部份普通市民。

法庭擁有移交逃犯的最終決定權

湯大狀亦強調，特首是沒有權決定是否移交逃犯的，因為條例包括了所有聯合國要求的人權保障，包括：

一、一定要「雙重犯罪」，即是所干犯的罪行在香港及請求方均屬罪行；

二、所干犯的罪行不是政治性質；

三、如因為一個人的宗教信仰、政治意見、國籍及種族等理由而作出檢控，亦不可以移交。

現行法例至少有十項有關人權保障的條文。而且在《香港法例》第五〇三章《逃犯條例》第十二條表明，當這名逃犯被交付到裁判司署的時候，裁判司要向該逃犯表明，他有權申請人身保護令；另外，行政長官作出的任何行政決定，例如引用《逃犯條例》將一名嫌疑犯移交，都是可以被司法覆核的。因此，最終的決定權在法庭。

國際傳媒報道了兩宗引渡個案，正好反映移交逃犯的司法程序十分冗長，而且法庭有最終決定權。該兩宗個案最終法庭也是否決移交的。一宗是台灣要求蘇格蘭引渡一名名叫 Zain Dean 的英國人，他涉嫌於十年前在台灣醉駕撞死一名送報紙員，犯案後逃到蘇格蘭。當時，因應台灣政府就此個案的要求，英國與台灣於是簽訂備忘錄（MOU），台灣要求英國把 Zain Dean 引渡到台灣接受審訊。

由於 Zain Dean 擔心回到台灣後會受到欺凌，台灣當局提出了多項人權保障，為他作出特別安排，包括保證他會有獨立囚室及浴室，他只會和外國人囚禁在一起，以保障他的人身安全等等。但在六月初，蘇格蘭法庭仍然不相信台灣當局會做到有關安排，否決了台灣的移交要求。

另一宗案件，是新西蘭法庭否決了中國的引渡要求，拒絕將涉嫌在上海殺死一名性工作者的韓裔美國人 Mr. Kim 引渡到中國受審。中國與新西蘭兩國之間沒有引渡協議，但就這個案磋商，新西蘭的司法部長願意單項引渡，在二〇一五年同意將 Mr. Kim 引渡到中國。然而，有關決定近日被新西蘭上訴法庭推翻，並要求司法部長重新考慮引渡安排，因為新西蘭上訴法庭不相信 Mr. Kim 在中國受審會有公平審訊。

上述兩宗個案均反映法庭可以嚴格把關，最終移交與否的決定權在於法庭。而根據普通法，司法覆核一直可以抗辯到終審法院。香港的終審法院擁有大量優秀法官，包括海外的頂尖法官，他們是由行政長官委任，經立法會批准，而他們的薪酬是由香港人支付的，他們的任命並不受到北京控制，他們不需要擔心會受到北京的壓力。再者，法官需要公開判詞交代裁決，北京不能夠影響他們。

最後，湯大狀向我們的地區同事重申，也希望廣大市民明白三點：

一、特首沒權決定是否移交逃犯；

二、移交逃犯需要經過法庭冗長的審訊；

三、我們要相信香港的法制及法官。

二〇一九年六月二十四日《經濟通》

活用科技反修例哄動全球

二〇一九年六月九日，香港出現繼二〇〇三年反對《國安法》草案（《基本法》第二十三條）七一遊行後另一場大規模和平遊行示威，抗議特區政府修訂《逃犯條例》。我認為參與二〇〇三年七一遊行的示威者普遍自發性較高，市民的訴求與經濟、民生議題息息相關。

猶記得二〇〇三年三月初「沙士」襲港，四月初全港各區接連出現感染個案，疫情一發不可收拾。香港在「沙士」疫情陰霾籠罩下儼如悲情城市，市面百業蕭條，股市、樓價大跌，民怨沸騰。世界衛生組職在六月二十三日正式將香港從疫區名單除名，市民遂在七月一日自發走上街頭發洩怨氣，從當日示威人士手持的橫額可見，他們除了抗議港府就《基本法》第二十三條立法外，也希望藉機表達林林總總的訴求。

相反，今次反對修訂《逃犯條例》遊行的組織性似乎較二〇〇三年高，全球各地多個城市近乎同時出現聲援行動，遊行人士的訴求亦明顯較以往集中。

美國《財富》（*Fortune*）雜誌亞洲編輯 Clay Chandler 發表評論文章，引述《南華早報》一篇報道，指觀察到參與六月九日遊行的市民大多深諳警方可能使用的科技追蹤手法，懂得有組織且巧妙地隱藏行蹤。例如在遊行期間，多個港鐵車站的自助售票機出現長長人龍，大批乘客「不約而同」改以現金購買單程車票，而非使用存有個人資料的八達通卡入閘乘車，以免行蹤被掌握。

另外，不少示威者均「有備而來」，紛紛戴上口罩、眼罩和頭盔等裝備，以防警方透過翻查「天眼」鏡頭錄影片段識別他們的身份。

文章指出，不少遊行人士本來使用社交網絡平台 Twitter 發佈遊行當日的影片，後來因為參與遊行的人數眾多，無線網絡信號不穩定令直播畫面中斷，遊行人士隨即「見招拆招」轉用較為電動和電競玩家熟悉的直播平台 Twitch，繼續直播遊行情況，可見香港市民懂得活用科技，即時發佈遊行的最新消息。

此外，文章更指不少市民在遊行期間，關掉 iPhone 的人臉（Face ID）和指紋（Touch

ID）解鎖功能，並使用 Telegram、WhatsApp 和 Signal 等具備端對端加密功能的手機通訊軟件，以免暴露行蹤。不過這些通訊軟件仍存在不少保安漏洞，Telegram 創辦人保羅杜洛夫（Pavel Durov）就指，Telegram 在六月十二日遭強力的分散式阻斷服務攻擊（Distributed Denial of Service Attack, DDoS），系統一度癱瘓。另一邊廂，香港警方網絡安全及科技罪案調查科於六月十一日，拘捕一名涉嫌「串謀公眾妨擾罪」的 Telegram 群組管理人，該名男子其後在受訪時表示警方要求他解鎖手機，並匯出群組成員名單及信息內容，令 Telegram 等手機通訊軟件的用戶私隱保障功能受質疑。

二〇一九年六月二十二日及二十五日《明報》

沒政府發言人　失輿論主導權

因為反對政府修訂《逃犯條例》而掀起連串抗議行動，政府每次的回應都遭人詬病，連新聞稿也遭逐字解讀，「驗屍咁驗」。例如二〇一九年六月九日的反修例大遊行後，政府新聞稿說：「政府發言人作出以下回應」、「政府發言人強調下列數點」。又例如六月十二日的第二次大遊行後，政府於深夜再發新聞稿說：「政府發言人作出以下回應」。

不過，心水清的市民會提問，新聞稿內一再出現的「政府發言人」究竟是誰？除了特首及一眾問責高官，市民可沒見過哪位「政府發言人」出來扑咪、見記者、解釋情況。

說穿了，原來政府發言人，根本無此人。

這種沒有政府發言人的運作，有違現代政府的常規，可謂香港特區政府獨有。難怪政府與市民之間的距離，總遭諷刺是平行時空。

發言人四大條件　反應快口才好

世界各地的政府都設有政府發言人一職，例如美國的White House Press Secretary、白宮新聞秘書，我們稱之為「白宮發言人」；英國有The Prime Minister's Official Spokesperson，即首相發言人；中國政府也有外交部發言人，首任是錢其琛。

出任政府發言人者大多是出色優才，因為他們需要經常與新聞媒體打交道，就各種突發情況面對鏡頭，代表政府發言，回答記者問題。我認為政府發言人至少要具備以下四大條件：

一、反應要快；

二、口才要好；

三、要「熟書」；

四、如果樣子省鏡，具鏡頭感，就更理想了。

中外政府重視　發言人皆優秀

中央政府首位外交部發言人是錢其琛，其後官至國務院副總理。華春瑩畢業於南京大學外國語學院英文系，畢業後在外交部扶搖直上，目前是外交部新聞司副司長，也是外交部第五位女發言人。近期經常出鏡的耿爽，則曾擔任中國駐美國大使館新聞參贊兼發言人，也是最年輕的外交部發言人。中央政府重視內部人才培養，可見一斑。

英美兩國則喜歡聘用具資深傳媒背景的專才出任發言人，以充份利用他們的靈活頭腦及經驗。例如奧巴馬時代的白宮發言人傑伊．卡尼（Jay Carney），本身在《時代雜誌》（*TIME*）工作了二十年，是《時代雜誌》華盛頓分社社長（Bureau Chief）。

東尼．斯諾（Tony Snow）更是全方位傳媒人，自七十年代起已在不同的報章雜誌電台電視台做評論員、新聞主播，更擁有自己的節目 Tony Snow Show。他先是老布殊總統（George H. W. Bush）的首席演辭撰稿人（Chief Speechwriter），後來再入白宮成為小布殊總統（George W. Bush）的白宮發言人。

英國首相文翠珊的發言人斯萊克（James Slack）是《每日郵報》（*Daily Mail*）的編輯。

貝里雅的發言人坎貝爾（Alastair Campbell）則是《每日鏡報》（*Daily Mirror*）的政治版編輯，他除了是貝里雅的發言人，也是其講辭的寫手及主要軍師。

回說香港，特區政府倒不是一直也沒有發言人。董建華任特首的年代，便在特首辦設立新聞統籌專員一職，原意是加強政府與傳媒的溝通，由政務官出身的林瑞麟出任。他原本逢星期四見記者，可是他說話實在太官腔太謹慎，可謂石頭鑽不出血，漸漸便沒記者出席他的記者會，記者會安排便取消了，而林瑞麟也得了「人肉錄音機」、「林公公」等外號，倒是深入民心。

取消中策組　沒心戰室不知民意

到了梁振英年代，他聘用了民主黨前區議員馮煒光為新聞統籌專員。可是馮煒光完全沒政府經驗，他在任期間充其量只算是個鍵盤戰士，在面書發Post，化身「金鐘仁」寫寫稿、鬧鬧人，言論惹火，距離上文我指政府發言人的要求相去甚遠，特區政府當然也沒能因為他的表現而加分。

二〇一四年發生違法佔領運動的時候，警方也由固定發言人每日定時召開記者會，向傳媒及市民講解最新形勢。警務處助理處長許鎮德一炮而紅，成了「四點鐘許 Sir」，深受歡迎，他的「I will now recap in English」更成了金句。其親切的表現有助紓緩當時繃緊的社會形勢，可見發言人制度有其可取之處。

林鄭月娥於二〇一七年上任特首的時候，新聞統籌專員一職已是懸空。當時有報道指「林鄭的原則是找不到合適人選『就暫時唔請，冇都冇問題』，寧缺莫濫。」（《香港01》，二〇一七年八月二日）

兩年過去，新聞統籌專員一職蒸發了，政府新聞稿上的「政府發言人」也沒有其人。特首選擇自己（和司局長）親自見記者（例如每週二早上行政會議前扑咪）、見議員（例如定期到立法會「短問短答」），親自解釋政策及企圖引導輿論（Spinning），再加上她上任後取消了中央政策組，沒有心戰室，斷了和學者市民聯繫的橋樑，沒能準確掌握民意。此外，她沒有好好運用社交媒體，特首臉書已經大半年沒有更新過。

宜盡快選賢與能　面向市民

終於，特首要修訂《逃犯條例》，政府卻宣傳不足，解說無能，被反修例人士主導了輿論，政府有理說不清，終爆發大遊行、圍堵警察總部、暴力衝擊及破壞立法會大樓、有反修例人士輕生等，而政府每一次的回應均是慢幾拍、不到位，正正反映沒有新聞統籌專員問題有多大。

目前，由修例引發的抗爭仍未止息，繼破壞立法會大樓後，各種抗議行動陸續有來。未來，政府仍會面對各種重大議題、公關危機，新聞統籌專員一職不能繼續懸空，政府須盡快重設該職位，一是在外招攬賢能，一是從政府內部提拔晉升，冀能找到有政府經驗、傳媒又接受的發言人，讓政府妥善有效地面向市民。

二〇一九年七月九日《經濟日報》

獨立調查委員會能平息亂局嗎？

反修例抗爭以來，要求成立獨立調查委員會（下稱「調委會」）的聲音愈叫愈烈，前政府官員、大學校長、議員及公務員紛紛表態。我認為大家動機良好，有這建議無可厚非，畢竟大家每日看着不斷升級的堵路、示威、暴力衝擊，看着我們熱愛的香港不斷沉淪，會感到焦慮，希望「風暴」早日平息，香港繼續向前。

動機良好　宜認清限制及副作用

根據《香港法例》第八十六章《調查委員會條例》（Commissions of Inquiry Ordinance）（下稱《條例》）第二條，特區政府可「委任一名或多於一名委員，……調查與公眾有重大關係的任何事宜」。我認為在成立調委會前，社會宜認清，究竟成立調委會的目的是甚麼？當中有甚麼限制？它能否達成其目的？會有甚麼副作用？

政府於二〇一九年初提出修訂《逃犯條例》後引起巨大爭議，即使行政長官於六月十五日宣佈暫緩修例，及後再指修例已「壽終正寢」，反修例抗爭仍沒止息，期間引發多次大型遊行示威、毀壞立法會、包圍警總、衝擊中聯辦、警方進入新城市廣場、元朗白衫人襲擊市民、暴力衝突、不合作運動、罷工罷市等，這些事件仍在發酵，沒有停止的跡象，因此，社會認為成立調委會的目的是查明整場反修例風暴的來龍去脈，找出真相，藉以平息爭端，恢復社會安寧。我認為動機良好，可以理解。

一九九五年，南非成立了「真相與和解委員會」（Truth and Reconciliation Commission），全面調查過往長期在種族隔離政策下各種嚴重侵犯人權的事件，還原歷史真相，藉以撫平黑人與白人之間的仇恨，促進民族和解。這與今天建議成立調委會的動機類似。

抗爭完全停止　才能理性調查

值得留意的是，當時南非是在已取消了種族隔離政策，曼德拉從獄中釋放並成功當選為總統，即是南非已改朝換代，與過去劃了界線後，才成立「真相與和解委員會」的，這樣社會才能在理性的環境下，較易找到事件的真相，達致和解。

香港過往曾五次成立調委會，分別調查赤鱲角新機場啟用混亂、教院風波、南丫島撞船海難、鉛水事件及較近期的沙中線紅磡月台工程醜聞。但是這些均是單一事故、調查目標清楚，而且也是在事情告一段落後才展開調查的。

但是，以香港目前每日都有抗爭的情況，是否成立調委會的適合時機？我認為答案是否定的，只有在各種抗爭活動完全停止，社會進入下一個階段後，才能理性地展開調查。

調委會權力有限　無助檢控

香港社會十分信賴法官能公平公正地主持調查工作，這點毋庸置疑。可是，根據《條例》成立的調委會，權限十分有限，不足以應對這場龐大而複雜的反修例風暴。

首先，調委會好像法庭那樣，可以傳召證人作供及提交文件證據。但是，證人也可以不親自出席，而交由大律師或律師代表。而《條例》第四條及第七條更列明，證人提供的口供及證據，「不會在民事或刑事法律程序中被接納為證據」，即是日後不能利用該等證供證據向證人採取法律行動，對檢控工作沒有幫助。

再者，調委會並非像坊間所想，能像神探般抽絲剝繭，主動查出各種情節，找出證據。我們不要忘記，平日法庭審理案件，是由執法部門先調查證據及事實，再呈交法庭審理，負責追查及抽絲剝繭的其實是執法部門，但是調委會並沒有這方面的權力及資源。

換句話説，調委會可以傳召證人，例如傳召個別官員、議員，但是怎樣傳召白衫人、黑衫人、戴口罩的人、連登仔或 Telegram 組員？更甚者，怎樣傳召外國勢力？屆時究竟誰來作供？

港英六七暴動　並無成立調委會

當年的六七暴動，港英政府認為是由境外政治勢力而非內部原因引致，因此並沒有成立調委會，而是做了內部官方報告，交予英聯邦外交事務部。可見若事件涉及境外政治勢力，也非調委會能夠處理。

因此，我認為在調委會的權限下，能夠查出來的「真相」，只是九牛一毛。

一九六六年四月五日至八日，因為天星小輪宣佈加價五仙而觸發了一場大規模騷動。騷動期間警察開了九十三槍，發射了近千二枚催淚彈，駐港英軍有奉召出動但沒有開火。事件中，共一千四百六十五人被捕，當中三百二十三人被判入獄。

歷史證明　境外專家較客觀

如同南非那樣，當時港英政府也是在騷動平息後才進行調查，並且提出了兩份報告，一份是《一九六六年九龍騷動調查委員會報告書》，另一份是《地方行政工作小組報告》。

港英政府為了讓調查結果更具說服力，邀請了四位份量十足的人士組成法定調查委員會。主席何瑾爵士（Sir Michael Hogan）在英國有法律及政治科學學位，曾在非洲及中東服役，也曾在多個殖民地服務過，最後在港官至首席按察司。賴廉士爵士（Sir Lindsay Ride）擁有英國醫學學位，曾參與一戰及二戰，更曾遭日軍俘虜，戰後擔任港大校長。兩位華人成員則是香港童軍總會總監羅徵勤及的近律師行高級合夥人黃秉乾。

至於《地方行政工作小組報告》，則由資深殖民政務官 W.V. Dickinson 擔任小組主席，成員包括曾於印度、烏干達、馬來亞、香港和後來於歐盟供職的資深英國殖民地官員 K.V. Arrowsmith，香港本地資深官員羅能士（Martin Rowlands）、華樂庭（John Walden）及韋忠信，以及首位華人政務官徐家祥。

上述人選包括有環球經歷、從外地調派來的英籍官員，也包括德高望重的本地官員及社會賢達，這種組合突顯了境外專家（Outside View）的客觀性重要性，同時包容了本地角度，加強了調查報告的說服力。

可是，今日香港撕裂若此，誰才是具普遍公信力、人人信服的人士？那麼，待抗爭停止，香港進入新階段後，中央政府是否可像當年英國政府那樣，調派中國社會科學院的學者或中紀委官員來港，配合本地法官，共同展開調查？

特首委任　自己查自己？

即使特區政府決定成立調委會，又是否能達到查明整場反修例風暴的來龍去脈，找出真相，藉以平息爭端，恢復社會安寧的目的？會否引起其他負面影響，甚至延續紛爭？

首先，調委會需在抗爭停止後成立，但在這場號稱沒有大台的運動下，特區政府能與誰磋商？泛民議員？港獨派？焦土派？勇武派？傳媒大亨？誰能代表抗爭者承諾完全停止抗爭，以讓調委會展開工作？

第二，現在社會四分五裂，即使退休大法官也未必人人信服，那麼誰才是具普遍公信力、社會各種立場人士均會接納的調委會人選？

第三，調查範圍（Terms of Reference）應怎樣釐定才能查出真相？

根據《條例》，調委會是由行政長官會同行政會議委任成立的，但是修訂《逃犯條例》是由行政長官因應陳同佳台灣殺人案而提出的。那麼，調委會調查行政長官是否有「自己查自己」之嫌？市民是否信服？

而鑑於目前已有監警會等機制處理針對警察的投訴，屆時特區政府大可把警隊排除於調查範圍外。但若特區政府真的那樣做，相信又會引發激烈的爭端。

而若把行政長官、行政會議、立法會、官員以至警察等均納入調查範圍的話，屆時只怕香港會步入更深層次的內耗，後果不堪設想。

深層問題浮水面　不能「扑咪」了事

面對目前如此嚴峻的政治形勢，我認為行政長官及特區政府必須深刻檢討管治、面對群眾、回應民意，但不單單是成立調委會那麼簡單。

《一九六六年九龍騷動調查委員會報告書》及《地方行政工作小組報告》詳細分析了當時騷動的成因，認為騷動是由香港積存已久的政治、經濟、社會、房屋和教育問題所引致。最終港英政府推出了民政主任制度穩定民心，同時推行多項房屋、教育及勞工保障改革。雖然上述兩份報告寫於六十年代，但今日看來，歷史是何其相似，當中推動改革的遠見，值得今日特區政府借鏡。

與一九六六年一樣，今次反修例風暴讓積藏已久的各種問題「浮上水面」，包括社會價值觀、土地房屋短缺、貧富懸殊、教改成效、青年出路等，特區政府必須正視問題，拿出切實可行的方案來回應社會訴求。

同時，行政長官需明白面對群眾的重要性，不能只靠新聞稿或幾句「扑咪」了事。

法國黃背心運動一度是總統馬克龍（Emmanuel Macron）的重大危機，把他殺個措手不及。但他很快作出應對，除了提出政策措施外，更重要是他勇於面對群眾，沒有避而不見。他舉辦了兩個月「全國大辯論」（Great National Debate），除了網上收集意見，重點是在全國各地舉辦過萬場社區論壇，以及百多小時的與總統談話。馬克龍親自現身，直接聆聽市民意見，展示決心和誠意，化解了危機，黃背心運動緩了下來。

行政長官大可借鑑馬克龍，不要再錯過機會，而是堂堂正正站出來，落區，面對市民。噓聲一定有，但那是必須面對的，惟有如此，才能讓抗爭者消停，讓香港邁向下一個階段，或許屆時，便是展開調查的適當時機。

二〇一九年八月六日《經濟日報》

借鑑歷史　早日平亂

《經濟學人》（*The Economist*）雜誌以香港連場抗爭為封面故事，題目為How Will This End？我相信這不單國際社會關注，也是每一個香港市民都想問的問題。

我沒有水晶球，但是我翻查了香港在一九六六年及一九六七年兩場暴動後港英政府所做的三份報告書，發現歷史是驚人的相似，我們大可從五十年前發生的事故，對比其表徵、過程、結果，找出平息今日風暴的端倪。

發掘引致騷動的深層次成因

一九六六年四月五日至八日，因為天星小輪宣佈加價五仙而觸發了一場大規模騷動。無業者蘇守忠絕食，市政局議員葉錫恩到場支持，學生及工人加入，示威者遊行至港督府、中區政府合署及中區警署，觸發騷動，暴徒向警察擲石塊、放火、毀壞公物，警方宣佈宵禁。騷動期間警察開了九十三槍，發射了近千二枚催淚彈，駐港英軍有奉召出動但沒有開火。事件中共一千四百六十五人被捕，當中三百二十三人被判入獄。

港英政府在騷動平息後，成立了法定調查委員會，經深入研究後提出了兩份報告，一份是《一九六六年九龍騷動調查委員會報告》，另一份是《地方行政工作小組報告》。《一九六六年九龍騷動調查委員會報告》詳述了騷動的過程、警方的行動，並把示威者（Demonstrators）及暴徒（Rioters）區分，分別研究兩者的年齡、工作及行為等等。報告詳細分析了騷動的成因，首先排除了是由境外政治勢力引起，而是由香港積存已久的政治、經濟、社會、房屋和教育問題所引致。

報告認為，當時中東局勢不穩，香港經濟正值低谷，受通脹困擾，有銀行擠提，地產市道疲弱，失業率上升。市民對港英政府及英籍官員不信任。再加上房屋供應不足，社區環境惡劣，欠缺文娛康樂設施。教育亦沒有長遠政策，當時未有免費教育，只依靠宗教及志願團體辦學，學額嚴重不足，年輕人欠缺接受教育及向上流動的機會，對未來欠缺憧憬及動力，最後乘勢向社會發洩怨氣。

《地方行政工作小組報告》則提出實施選舉，但港英政府最終只決定重組政府在地區的架構，增加官民之間的了解，為市民提供更貼心的服務。政府應招募更多本地精英參與管治，於是推出民政主任制度，吸納優秀的本地大學畢業生加入政府，成為政府與市民之間的橋樑。第一任民政主任是關佩英，之後有黎青萍及我本人。

如今看來，今日香港潛藏的深層次問題和五十年前大同小異，今次反修例風暴讓各種問題「浮上水面」，包括社會價值觀、土地房屋短缺、貧富懸殊、教改成效、青年出路等等，特區政府必須正視問題，拿出切實可行的方案來回應社會訴求。

對比六七暴動的三個階段

一九六六年九龍騷動平息後，一九六七年又爆發了另一場史無前例的暴動，歷時八個月，形勢比一九六六年嚴峻得多。當時港英政府認為暴動是由境外政治勢力而非內部原因引致，因此並沒有成立法定調查委員會，而是做了內部官方報告（Events in Hong Kong 1967），交予英聯邦外交事務部。

報告首先界定整場暴動是因為本地左派人士受了中國內地文化大革命的影響而引致，詳述一九六七年五月至十二月期間每次事故的原因、抗爭手法、警方行動、拘捕情況及對市面的影響等等。報告認為暴動共歷三個階段——爭取支持的大型示威（Demonstrations to Gain Popular Support）、癱瘓經濟的罷工（Stoppages of Work to Paralyse the Colony's Economy）及恐怖襲擊打擊士氣（Terrorism to Undermine Morale）——均以失敗告終。

借古鑑今，我們不妨對比六七暴動的推進過程、抗爭手法、明星效應、暴力程度，會發現與今日的反修例抗爭十分相似。

先衝擊　後罷工

一九六七年四月，香港爆發了各類工潮。五月六日，新蒲崗香港人造花廠的被解僱工人集結示威，與警察發生衝突，揭開暴動序幕。之後左派報紙發動各種反政府宣傳，貼大字報，指控警察暴力，中國銀行大廈設置揚聲器長時間廣播。左派明星傅奇、石慧夫婦帶頭示威，圍堵港督府。連場暴動中，暴徒用石頭、玻璃樽襲擊警察，向警察淋腐蝕性液體，破壞路標、燒車、燒巴士、燒郵政局。當局一度宣佈東九龍及港島實施宵禁。

期間，左派工會提出五大訴求，和今天一樣，訴求包括「釋放所有被捕人士」。

五月下旬至六月進入第二個浪潮。左派工會陸續號召罷工，巴士公司、天星碼頭、小輪公司、牛奶公司、煤氣公司、海事處、太古船塢、運輸工人、的士司機等，差不多天天有罷工及衝突。

六月二十四日的聯合大罷工（General Strike）是高峰。當時，參加罷工的工人會遭即時解僱，沒參加罷工的會遭恐嚇。隨後還有罷課、罷市。但是報告認為這些罷工行動純為達到政治目的，已與早期的工潮無關。

期間，左派陣營成立了「港九各界同胞反對港英迫害鬥爭委員會」，大專學院成立「反迫害鬥爭委員會」。港英政府則成立由霍德及楊啟彥等組成的「宣傳委員會」，負責製作短片、發佈新聞，企圖引導輿論。同時，開始有各種社團組織表示支持政府。英國則派航空母艦堡壘號駐港，以示後盾。

七月八日發生了沙頭角邊境衝突，百多名手持衝鋒槍的民兵圍堵沙頭角警崗，爆發槍戰，五名警察殉職。當局宣佈沙頭角宵禁。

炸彈風潮

報告指七月十二日是整場暴動的轉捩點。在這之前，主要是示威者攻，政府及警察守，對警察造成沉重的壓力。七月十二日，署理布政司在立法會宣佈，政府將採取主動，反守為攻，以強硬手段平息暴動。警方迅速堵破多個左派工會據點及學校，沒收自製武器、炸藥、煽動性海報及文宣，拘捕工會領袖，查封左派報章，拘捕其編輯記者，也拘捕了傅奇和石慧夫婦。當時共拘捕了八十一人，有一位工會秘書死亡。

而伴隨強硬拘捕行動的，則是暴動的第三階段，暴力不斷升級、惡化至恐怖襲擊，暴徒出動汽油彈、炸彈（土製菠蘿），襲擊及殺害警察，也有無辜市民包括一對七歲姐弟遭炸死，當中最為人所知是電台節目主持人林彬及其堂弟，遭暴徒狠狠燒死。炸彈襲擊到十二月底才停下來，期間共發現八千零七十四個懷疑炸彈，當中一千一百六十七個是真炸彈，造成五十一人死亡。

老師動員學生參與

當年有大量年輕人、學生參與行動。報告指當時由左派學校及老師策劃及帶動學生參加暴動，有少女因藏有炸彈被捕，有男學生因為攜帶的炸彈爆炸而受傷，十一月二十七日有學生在學校的爆炸中嚴重受傷。報告對於左派學校動員學生參加暴動，將他們暴露於被捕及受傷的風險之下，表示極度遺憾。

後來，北京政府再沒推波助瀾，周恩來要求香港左派停止炸彈攻勢，暴動終於在年底慢慢平息下來。

盡快平亂　避免傷亡

當時，倫敦亦十分關注香港的形勢，十月的時候，英聯邦外交事務大臣（The Minister of State for Commonwealth Affairs）Lord Shepherd 親自來港視察。至於香港目前的情況，反修例示威持續兩個月後，中央兩大員在八月七日舉行了「香港局勢座談會」。當日，時任港澳辦主任張曉明及時任中聯辦主任王志民撐特首撐警察的發言，大可視為轉捩點，特區政府必須採取果斷行動，在局勢惡化前制暴止亂，避免有嚴重傷亡，對香港造成更大衝擊。

吸納人才　推動改革

連續兩年兩場暴動，港英政府做了三份報告，當中推動改革的遠見，值得今日特區政府借鏡。後來麥理浩繼任港督，展開了一系列大刀闊斧的改革，包括十年建屋計劃、九年免費教育、設立音樂統籌處、興建地區文娛中心、成立廉政公署、推行民政主任制度、撲滅罪行運動、清潔香港運動等等。

而要推行一連串改革，便需吸納更多人才。當時華人政務官寥寥可數，麥理浩於一九七三年一次過招聘二十名本地政務官，包括葉樹堃、馮載祥及譚榮邦等。俞宗怡是一九七四年入職的，我則是一九七五年。可見人才是政府管治團隊的重要一環，特區政府必須好好運用。

五十年前的港英政府有推動改革的決心和毅力，我希望特區政府在渡過今次難關，平息暴亂後，也能深刻檢討，痛定思痛，針對各種深層次問題，全面推行改革，才是正道。

二〇一九年八月十三日《經濟通》

示威者表達意見　自由並非絕對

示威者衝擊香港國際機場，令香港的航運服務嚴重混亂，部份示威者更堵塞出境大堂，不讓乘客登機，部份海外遊客被迫滯留機場，非常無助。後來，法庭頒下臨時禁制令，禁止任何人在機場內非法阻礙或干擾機場運作，機場的運作才得以回復正常。

有對此不滿的年輕人表示：「我擁有示威及表達意見的自由，為何會受到阻撓？」

我要指出，根據國際認可的《公民權利和政治權利國際公約》（International Covenant on Civil and Political Rights）第十九條，雖然確保人民享有「保持意見不受干預之權利」及「人人有發表自由的權利，包括以語言、文字或出版物、藝術或自己選擇的其他方式」。但同時明確指出，以上權利並非不依法律、不受限制。公約列明「權利之行使，附有特別責任及義務。故得予以某種限制」。並列明此限制須按法律規定，包括須「尊重他人權利或名譽」及「保障國家安全或公共秩序、或公共衛生或風化」。

由此可見，市民表達意見的自由並非絕對，須於法律之下進行。正如一個人受到別人惡意誹謗，可按民事訴訟向對方索償；若教唆別人進行非法活動，更可能以「煽動」為由遭到刑事檢控。再看法庭案例，亦多次表明言論自由並非絕對。以「黃之鋒重奪公民廣場案」為例子，終審庭於判詞中明確表示：「以行使言論自由和集會自由的憲法權利之名，為所犯的非法集結罪行作為求情，將不大可能給予顯著的比重，因為被定罪必然是指罪犯已經逾越了合法行使其憲法權利，以及被制裁和限制非法活動之間的界線。」

故此，示威者不應濫用「言論自由」為藉口，掩飾非法活動。表達訴求必須以合法的方式進行，並與進行非法行為的暴徒割席。若市民對暴徒的非法行為視而不見，香港還如何談得上是法治社會？

二〇一九年八月十五日 facebook

年輕人的怨氣

執筆時，香港的反修例示威已持續七十六天，形勢比二〇一四年的違法佔中更嚴峻，因為發生了相當激烈的暴力行為。示威行動不斷升級，暴力亦不斷升級，大量示威者堵塞機場，不僅對旅客造成不便，更對遊客和在場採訪的記者動粗，甚至在眾目睽睽下，無差別對內地記者和遊客行私刑，目無法紀，喪心病狂，行為令人髮指。事件已嚴重打擊香港的國際聲譽。

自反修例爭議發生後，我察覺社會變得非常撕裂，支持警察和政府的人與反修例和仇警人士有如活在兩個不同的世界。前者大多屬較成熟、有工作經驗，且經濟能力較高人士，他們當中有不少在香港有生意，明白香港的繁榮安定得來不易，希望社會秩序盡快恢復。而經常穿梭各地的營商人士則對癱瘓機場的行動感到極其憤怒。另一方面，有不少年輕人同情示威人士，認為一切源於政府不聽民意，不回應訴求，無力解決問題，他們的怨懟及無力感相當重。

我認為互聯網發展加深社會撕裂，因為我們都有自己經常瀏覽的網頁和群組，而這些群組的成員大多與自己想法相近，令群組淪為迴聲室（Echo Chamber）或所謂的圍爐取暖，大家發表相同意見，接收同類信息，卻與不同意見者的立場拉向兩極，缺乏同理心，難以理解和接受不同意見，導致仇恨和負面情緒不斷加劇，情況令人擔心。

撇除那些別有用心破壞香港法治的極端暴力分子，對於社會上與我們這一代有不同意見的人，特別是年輕人，我認為我們必須想辦法，加強與他們的溝通，展開對話，才有助緩解彼此的矛盾。

我認為時下年輕人的怨氣主要基於三個原因，第一是土地房屋問題嚴峻，第二是貧富差距擴大，第三就是青年向上流動機會減少。

香港中文大學經濟學系副教授莊太量在《明報》專訪中提到，以二〇一八年本港家庭收入中位數三十三萬九千八百元來計算，若要購買一個九龍區市值五百九十二萬約三百呎的單位，該家庭在「不吃不喝不消費」並把全部收入儲起買樓的情況下，也需十七年多才能置業。莊教授指出，二〇一八年樓價上升一成，但實際工資只增長約百分之二，反映港人供樓能力惡化，樓價已變成非一般港人可負擔。現時發展商推出的「納米樓」面積細，樓價相對低，愈來愈受港人歡迎，有單位面積甚至只有一百二十八呎。年輕人努力工作儲錢，最後用盡積蓄，勉強只能購得「龍床盤」。試問沒有安身之所，又怎能談婚論嫁、生兒育女呢？所以我認為嚴峻房屋問題令不少年輕人對未來失去希望，對社會的怨氣加深。

我們這一代在嬰兒潮出生，特別是舊制的公務員，大多在置業方面不成問題，經濟上亦沒有壓力，有不少人在子女長大後都會把自住物業賣掉，換一間較細的單位，幫助下一代置業。現時年輕人要「上車」，只能靠家人經濟支持。

截至二〇一九年六月底，約有十四萬七千九百宗一般公屋申請，以及約十萬零二百宗配額及計分制下的非長者一人申請，兩者合共達二十五萬六千一百宗，反映有不少年輕人對公屋有迫切需求。我知道甚至有大學生為了能獲配公屋而放棄加薪機會，令人痛心。

二〇一九年八月二十四日及二十七日《明報》

貧富懸殊是社會撕裂遠因

踏進二〇一九年九月，反修例風波已持續了八十多天，超越了二〇一四年的七十九日違法佔中。面對史無前例的嚴峻局勢，行政長官邀請了多位社會賢達、大學校長交流，討論構建對話平台。席間多人支持成立法定獨立調查委員會。

但我始終認為，待風波完全平息後始展開調查才合適，目前仍有各種「活動」籌劃中，在事情不斷發展、不知何時才能止暴制亂的情況下，並不適合調查。再者，若要深刻剖析這次爭端的前因後果，由法官領導的獨立調查委員會並非唯一方法。

財富鴻溝青年絕望　當局須回應

我素來認為，那麼多年輕人憤怒得要走上街頭，又有那麼多「和理非」市民支持，香港貧富差距擴大，居住條件轉差，年輕人缺乏向上流動機會等等，是深層次遠因。這些民生問題已引起國際傳媒關注，八月二十六日的《彭博商業周刊》（*Bloomberg Businessweek*）便有兩篇文章探討這些問題，與我的想法不謀而合。

文章訪問了不同背景的年輕人，他們都對政府有各種怨懟。年輕會計師住在港島「一劏六」的劏房，老闆要求他星期六日也得上班，他則選擇「上街」，因為他深感儲蓄無力，也不願意做樓奴把辛苦賺來的錢貢獻給地產商。二十歲的自由設計師一直在前線抗爭，他認為單單是反對修訂《逃犯條例》不會推動那麼多人上街，而是年輕一代對未來感到迷茫沒出路，收入低，買不起樓又沒錢結婚，而政府沒能改善他們的生活，終迫使那麼多人湧到抗爭前線。

《彭博》另一篇文章則指出，在香港的另一端，多個地產商富可敵國，他們的生意全方位覆蓋市民的生活，掌握天文數字的財富。市民認為政府政策傾斜地產商，也沒盡力解決住屋短缺的問題，因而感到沮喪。巨大的財富鴻溝讓市民感到不公義，讓年輕人感到絕望，也漸漸讓社會走進撕裂的困局。

我十分認同這些分析，也理解年輕人為甚麼會覺得無助、沒有出路。我認為行政長官必須在下一份《施政報告》中回應這些深層次問題，例如加快增加房屋供應，即使不能即時解決社會矛盾，也是治癒香港的第一步。

企業顧股東　亦要兼顧持份者

事實上，在自由市場經濟及科技革命下，西方國家也面對貧者愈貧、富者愈富的問題。

八月五日的《彭博》文章指出，美國是貧富差距最嚴重的發達國家，最富有的百分之一美國人掌握了半個股市。商界政界紛紛反思如何重新分配財富，縮窄貧富差距。美國民主黨的總統候選人全都支持縮窄貧富差距的政策，包括開徵針對巨額財富及證券交易的新稅類。即使是傾斜商界的共和黨，也通過了限制商業巨企回購股票的稅務法例。

商界則反思企業責任。美國著名商科學院有文章 It's Time to Value Stakeholders Over Shareholders 提出，企業不可以只顧股東，而同時要兼顧持份者，包括僱員、顧客，以至全社會，創造對整體社會有利的長遠價值。

基金界奇才、Blackrock 主席 Larry Fink 在二〇一八年撰文 A Sense of Purpose，提出新的企業管理模式，同樣指出企業不能只追求經濟表現，還要對社會有正面貢獻，顧及所有持份者，包括股東、僱員、顧客及社區。摩根大通（JP Morgan）總裁傑米．戴蒙（Jamie Dimon）及亞馬遜（Amazon.com）創辦人傑夫．貝佐斯（Jeff Bezos）也提倡放棄只追求股東盈利（Shareholder-fixated Profit Strategy），他們聯袂一百八十一位企業高管，承諾企業必須兼顧僱員、顧客、投資者以至社會的整體利益。

近期各大西方雜誌均以類似的主題做封面故事，包括《經濟學人》（*The Economist*）"What are Companies for?"、《財富》（*Fortune*）"Profits and Purpose: Can Big Business have it Both Ways?" 等等，可見西方社會的共同方向都在反思政府應怎樣介入，重新分配財富，縮窄貧富差距。我認為這是正確方向，值得香港借鏡。若香港政府仍死守所謂自由經濟，不考慮介入，讓貧富差距繼續擴大，是與時代脫節。

領展應主動減租　共度時艱

在香港，財富同樣掌握在少數人手裏，上市企業只顧着股東利益最大化而漠視社會責任，當中以領展及港鐵的股票表現最好，股價無視地心吸力一路狂升，也是問題最多。

房委會於二〇〇五年出售予領展（及其後轉售）的物業，涵蓋市面上共一百八十個公屋及居屋商場及街市，影響全港超過百分之四十五住戶的生活。「領展霸權」遭詬病十多年，當中以裝修後瘋狂加租、逼走小商戶，使物價飈升，街坊居民被迫捱貴餸等惡行見稱，拆售後的新業主只視商場為投資炒賣的工具，無心營運，甚至讓商場長期圍封丟空、改建為貴族學校或私營安老院，居民無法享用基本生活設施，本已對民生造成重大影響。

在近月局勢下，香港經濟下滑逐漸浮面，旅遊飲食零售業大受影響，據悉已有良心業主願意減租，與商戶共度時艱。領展呢？在抗爭「遍地開花」，商戶被迫落閘的情況下，領展商戶大呻生意慘淡，當中以飲食業最嚴峻，希望領展減租。這時候，領展應該捨棄「賺到盡」這不良心態，捨棄搞花樣活動當是企業責任的掩眼法；領展應該真真正正拿出企業良心，盡社會責任，主動減租！

改革港鐵票價機制　凍結票價

至於港鐵一直把盈利淩駕社會利益，與領展不遑多讓。不論港鐵有多少故障、延誤、超支、工程醜聞，其股價仍然節節上升。在政府「以地養鐵」的政策下，港鐵擁有壟斷優勢，在港鐵站上蓋發展物業，賺取巨大收益。港鐵利潤沒有封頂機制，物業及票價收入均帶來巨額利潤。而其票價「可加可減」機制，實際上是「只加不減」機制，對乘客構成沉重的交通費負擔。

以我成立的新民黨及匯賢智庫為例，我們屬於小企，辦公室設在灣仔。我們很多同事家住新界，最遠的有天水圍、粉嶺、元朗等等。年輕同事起薪點與市面相若，以萬多元的月薪，每天乘搭港鐵上下班，交通費驚人，再加上早餐午餐的費用，可供消閒花費或儲蓄的餘款實在不多。

目前，政府佔港鐵百分之七十五的股份，是大股東，港鐵董事局成員中也有政府官員代表，可是管理層往往以「照顧股東利益」為藉口，不接受政府的惠民建議，情況實在不能接受。

我認為，港鐵作為公用服務提供者，應該參考西方企業，重塑企業責任，改革管理心態，不能以利益掛帥。我建議改革票價調整機制，把「物業發展」及「物業租賃及管理業務」等巨額利潤也計算入公式內，藉以補貼車費，務求凍結票價，甚至下調票價。

誠然，面對目前抗爭不息的局面，政府要做的工作多而艱巨，要縮窄貧富差距可謂任重而道遠，但正正是這樣，我們必須找出缺口，推動第一步改革，要求領展減租及港鐵減價，便是務實的開始。

二〇一九年九月二日《經濟日報》

香港是下一個烏克蘭嗎？

香港回歸二十二年，特區政府先後兩次因為大型遊行示威而「跪低」。一次是二〇〇三年七月，時任行政長官董建華在五十萬人大遊行後暫緩了《國家安全（立法條文）條例草案》；另一次是二〇一二年九月，時任行政長官梁振英在十二萬人包圍政總後，宣佈不會要求學校落實德育及國民教育科，其後教育局於十月宣佈擱置德育及國民教育科課程指引。

來到二〇一九年，行政長官林鄭月娥先於六月十五日宣佈暫緩修訂《逃犯條例》，再於九月四日宣佈正式撤回草案，是特區政府第三次「跪低」。和前兩次不同，這次的示威者並不接受行政長官的回應，三個月來抗爭暴力不斷升級，警民衝突不斷上演，社會氣氛繃緊，暗湧處處，甚至有人以二〇一三年的烏克蘭革命相比。那麼，香港會是下一個烏克蘭嗎？

佔中的延續

我認為示威者癱瘓機場、破壞港鐵站、圍堵警署、向政總投擲汽油彈等等，已跟反對修訂《逃犯條例》的原目的無關。香港潛藏多年的深層次矛盾徹底浮上水面，才是抗爭歷時三個多月不息的原因。

首先，這次的抗爭很明顯是二〇一四年違法佔中的延續。當年雖算是和平清場，也拘捕了主要搞手，但是當中港獨、自決思潮並沒消失，他們沒停止挑戰國家主權，趁着反修例抗爭繼續挑釁，加上台灣等境外勢力的影響，「光復香港，時代革命」變成主調，對年輕人的影響很大，破壞香港的長遠穩定。

市民怨氣爆發

第二，市民對特區政府的不滿一次過爆發。

以往香港繁盛光輝，是中國對外的主要窗口，在貿易、專業服務等各方面均發揮重要的中介作用。然而，中國對外開放後，經濟急速崛起，甚至在國際舞台上挑戰美國的一哥地位，國內大灣區城市也急速發展，香港的獨特地位漸漸模糊。

此外，世界急遽進步，科技革命、數碼革命已翻了幾翻，香港卻仍是靠四大傳統支柱產業支撐着，即使「沙士」後復甦也是靠內地提供的優惠政策及自由行，香港本身的經濟結構沒有改變，競爭力持續下降。明顯例子是香港貨櫃碼頭已由二〇〇四年前的全球排名第一，累積下跌至第六，被上海、新加坡、深圳、寧波及釜山超越。

回歸以來，幾屆特區政府並沒成功推動科技創新，沒有為香港締造新的價值去應對世界的轉變。再加上土地房屋嚴重不足，樓價過高，市民深感生活水平下滑，懷着各種怨懟，於是一有風吹草動、大型遊行，便容易吸引到大批「和理非」市民參與。

烏克蘭革命的啟示

第三，雖然今次的抗爭號稱沒有「大台」，境外影響卻不少，包括坊間熱播的烏克蘭革命紀錄片 *Winter on Fire: Ukraine's Fight for Freedom*《凜冬烈火：烏克蘭為自由而戰》。

我看了這齣紀錄片，卻發現它是單向地從示威者的角度出發，描述二〇一三年的烏克蘭親歐盟示威運動（EuroMaidan Rallies in Ukraine）。紀錄片強調烏克蘭人民希望加入歐盟的激情、防暴警察（Berkut）血腥鎮壓及總統亞努科維奇（Viktor Yanukovych）下台；加上運動的進程、表徵和反修例抗爭相似，的確容易讓香港的年輕人找到共鳴，以為自己正在參與偉大的革命，以為香港會是下一個烏克蘭。

可是，坊間鮮有放映另一齣由荷李活大導演奧利華．史東（Oliver Stone）監製的紀錄片 *Ukraine on Fire*。我也看了 *Ukraine on Fire*，內容比 *Winter on Fire* 複雜得多，從歷史、地緣政治等角度交代烏克蘭的獨特背景，除了訪問示威者，也訪問了普京、亞努科維奇、軍警及記者等等。我認為大家應兩齣紀錄片也看，以對烏克蘭革命有較全面的了解，也會較易明白，如果香港真的重複烏克蘭的步伐，會是怎樣的苦況。

烏克蘭地理位置獨特，一直也是列強爭持的戰場，而且東接俄羅斯，故東面地區較親俄，其他地區則較親歐洲，故烏克蘭也是俄羅斯和歐盟博弈的棋子，這點與香港夾在中西方之間的情況類似。

二〇一三年十一月，烏克蘭政府本計劃與歐盟簽署政治和自由貿易協議。可是，這代表日後歐盟商品將以低關税進入俄羅斯市場，普京不能接受，基於政治現實，總統亞努科維奇宣佈終止與歐盟協商。一心等待與歐盟加強聯繫的人民不明白這些，感到被政府背叛，憤怒爆發，人民佔領基輔獨立廣場（Maidan Square），後來演變成大規模暴力抗爭。換句話說，烏克蘭人因為政府「不爭取協議」、「不與歐盟親近」而抗爭，香港人則因為政府「爭取修例」、「與中國親近」而抗爭。

烏克蘭這場抗爭持續了九十三日，至少一百二十五人死亡，千多人受傷。總統亞努科維奇下台，香港年輕人或會把這結果演繹成革命成功。可是，烏克蘭分裂了，東部克里米亞（Crimea）併入俄羅斯，並且陷入長期內戰。烏克蘭至今未能加入歐盟，而且經濟低迷，是世界上最貧窮的國家之一。如此結果，真的要香港重蹈覆轍嗎？

普選不是林鄭月娥説了算

回説香港，三個月過去，示威者漠視法治，動輒堵路，肆意破壞，與警察對峙，仍高呼「五大訴求、缺一不可」等等，行政長官其實已多次解釋及回應。

第一，行政長官已於九月四日宣佈正式撤回《逃犯條例》修訂草案。示威者卻不接受，抗爭活動沒有停下來，更把汽油彈扔入政總！

第二，目前並非成立獨立調查委員會的適當時機。同時，政府已為法定監警會「加碼」，增加委任余黎青萍及林定國兩位成員，並且邀請了英國、澳洲、新西蘭及加拿大的專家來港，組成獨立專家小組來處理有關警察的投訴。

第三，撤銷六月十二日暴動定性。我之前已撰文解釋過，香港法例沒有「定性」這回事。根據《公安條例》，法庭會視乎被告當時的行為裁決其是否觸犯暴動罪。

第四，特赦所有被捕人士。根據《基本法》，特首並沒有相關權力。只有律政司才有權在不受政治干預下提出或不提出檢控。早前，郭卓堅申請司法覆核律政司不檢控梁振英（UGL 事件），原訟庭駁回其申請，判詞重申除非有重大憲制理由，法庭不能干預律政司的檢控決定。而且，未審先特赦完全違反法治，我認為不能接受。

第五，要求雙普選。有市民認為普選可有較多人參與、較公平，總好過小圈子選舉等等；也有人認為香港目前的困局正正是由選舉制度不公造成；這些想法均可以理解。可是，香港本來是可以迎來政改的，是泛民議員在二〇一五年六月十八日將其否決的。

更重要的是，普選不是林鄭月娥說了算，而是要根據《基本法》訂明的程序進行，還要獲得立法會三分之二議員通過，中央政府同意，才能成事。

因此，通俗點説，針對「五大訴求」，我認為政府能做的「已盡做」，希望示威者明白，若他們繼續罔顧現實，盲目堅持，只會把香港推向比烏克蘭更困苦的深淵。

持續抗爭破壞香港的國際地位

持續抗爭及破壞已讓香港的國際地位受到衝擊，我在這裏略舉一二——

- 共三十一個國家對香港發出不同程度的旅遊警示。（政府新聞網，二〇一九年八月二十八日）
- 《經濟學人智庫》（*The Economist Intelligence Unit*）公佈「二〇一九年全球城市安全指數」（Safe Cities Index 2019），香港由兩年前的第九位急跌至今年的第二十位。

（《香港01》二〇一九年八月二十九日）

- 《經濟學人智庫》公佈年度「全球宜居城市指數」報告，香港跌至第三十八位。

（《明報》二〇一九年九月五日）

- 評級機構惠譽（Fitch Ratings）下調香港評級，由「AA+」下調至「AA」，展望評級負面，是二十四年來首次下調香港評級。（《香港電台》二〇一九年九月六日）

有年輕人聲稱不怕「攬炒」，他們甚至認為惟有如此，政府才會向他們讓步。可他們看不清的是，隨着香港的各種排名節節下跌，政局不穩，投資者抽走資金，旅客不來，經濟不景，企業關門，就業市場差，失業率高，屆時身受其苦的，正正就是香港未來的持份者——我們的年輕人。

因此，我在此誠懇地呼籲，希望廣大的市民、「和理非」明白，如今的抗爭已遠離原目的，淪為破壞，雖然大家很同情示威者、同情年輕人，但是我們更不能讓香港成為下一個烏克蘭，希望大家都能停下來，諗一諗，首先讓社會回復秩序，再重新出發。

二〇一九年九月十六日《經濟通》

美國專家評香港局勢

反修例風波已持續三個月，特區政府努力解決，甚至與市民展開對話，但抗爭未有緩和跡象。到底香港怎樣解決這次史無前例的紛爭，相信全港市民都非常關心。我讀了兩篇由兩位美國資深外交官、亞洲事務專家華盛頓布魯金斯學會（Brookings Institution）高級研究員（Senior Fellow）發表的文章，分析了香港的政局，覺得非常值得和大家分享。

第一篇文章是The Story of Hong Kong is a Shakespearean Tragedy，作者是傑佛瑞·貝德爾（Jeffrey A. Bader）。現年七十四歲的貝德爾在奧巴馬時代於美國國家安全委員會（National Security Council）擔任亞洲事務部資深總裁（Senior Director for Asian Affairs），早年更在香港出任美國駐港副總領事（Deputy Consul General in Hong Kong），親身見證香港回歸，對亞洲非常熟悉，並對香港有深厚的感情。

貝德爾指出，香港問題複雜難解，源於東西方的力量有很大碰撞。他認為，香港住有一群對國家不滿的市民，這些人不相信中國的制度。每當社會上出現反對國家的聲音，他們便容易受人煽動。此外，他向美國政府建議，美方應向北京及香港發出正面信息，而不是讓北京把美國視為香港問題的背後黑手；並向近日前往美國游說的泛民人士反映，他們需為示威者指出正面、可行及有建設性的方向，而不是讓示威者升級為暴徒。否則香港將會「攬炒」，陷入萬劫不復的漩渦。

另一篇文章 How Hong Kong Got To This Point 由七十四歲的卜睿哲（Richard C. Bush）撰文。卜睿哲歷任美國國防部、美國國務院官員，曾任美國在台協會理事主席，關注亞洲事務三十多年，是資深的亞洲專家。

與貝德爾一樣，卜睿哲對目前的香港局勢感到憂慮。他在文章中指出，今次事件實乃二〇一四年違法佔領運動的延續。而事實上，就香港普選行政長官的方案，無論是二〇一四年北京同意的「八三一框架」，抑或特區政府於二〇一五年發表的「香港二〇一七年政改方案」，雖不完美，但已夠好（good enough），讓市民享有普選行政長官帶來的好處，可惜當時卻被泛民否決了。

對於「一國兩制」，卜睿哲的形容是「不完美、但可行（This Hong Kong liberal order was not perfect, but it worked well for some time.）」香港人至今一直受《基本法》保護，可享受各式各樣的自由。

至於對目前的局勢，卜睿哲認為特區政府及示威者均應該冷靜下來，「停一停、想一想」。特別是國家七十週年國慶在即，若香港示威不斷，只會令國家更加不滿。始終中國是香港的宗主國，不會因示威而改變，若紛爭依然持續，香港只會自招惡果。

最後，卜睿哲引用了美國開國元勛富蘭．克林（Benjamin Franklin）的名句“We must, indeed, all hang together or, most assuredly, we shall all hang separately.”若香港人不團結，最終只會「攬炒」而落得悲劇收場。

我閱畢這兩篇文章，特別是看到富蘭．克林的名句，深有同感。我早前到美國蒙大拿州與美國議員交流。事後其中一位眾議院議員格雷格．吉安福特（Greg Gianforte）發電郵給我，分享了他對香港局勢的看法。他同樣以富蘭克林這名句作結，我徵得他同意，跟大家分享。

由此可見，美國部份香港及亞洲專家，以至一些國會議員，均同意香港目前必須冷靜下來，無謂的爭吵並不能解決問題。而我亦十分希望大家能夠「停一停、想一想」，以理性思維處理目前的危機。

二〇一九年九月二十八日 facebook

禁蒙面法「礙自由」是誤導

特區政府會頒佈禁蒙面法以止暴制亂的消息，流傳已久。二〇一九年十月三日，有政府消息人士透露行政長官即將召開特別行政會議。翌日（十月四日）下午三時，行政長官在眾司局長陪同下宣佈，根據《緊急情況規例條例》（Emergency Regulations Ordinance）訂立《禁止蒙面規例》（下稱《規例》），並於十月五日凌晨正式生效。隨即觸發更大規模暴亂，蒙面暴徒蹂躪大半個香港，於是有人認為《禁止蒙面規例》是火上加油、沒有效用，事實並非如此。

根據《香港法例》第二四一章第二條，行政長官會同行政會議，可以在（一）緊急情況或（二）危害公安的情況下，訂立任何他認為合乎公眾利益的規例。

而今次立法的主要原因，很明顯是因為反修例抗爭持續四個月以來，示威者戴着面罩以隱藏身份。在難以識別其「真身」的情況下，示威者的暴力行為不斷升級，他們肆意破壞，刑毀港鐵站及商舖、隨處縱火、投擲汽油彈、襲擊警察等等，特別是十月一日國慶日的全港大規模暴力破壞，已嚴重威脅公眾安全及社會秩序，情況十分嚴峻。我認為實施《禁止蒙面規例》有其必要性及迫切性，以協助警方執法，止暴制亂。

應對暴力升級　涵蓋範圍合理

根據《規例》第三條，市民參加《公安條例》所規範的公眾集會及遊行，以及非法集結、未經批准集結和暴動，均不能以蒙面物品（包括顏料）遮蓋樣貌，妨礙識別身份。

而根據《公安條例》第七條第二款，公眾集會不包括：不超過五十人的集會、不超過五百人的私人處所集會、根據《教育條例》或《專上學院條例》註冊的學校或專上學院批准的集會。即是這些活動不受《規例》約束，可豁免。

此外，《規例》第四條賦予市民合理辯解的權利，包括但不限於專業、受僱工作、宗教及健康等理由。

換句話説，《規例》並非針對市民的日常生活，更不是有病戴口罩也犯法。舉例説，若校方批准同學舉辦人鏈活動，而當中有同學戴上口罩，那並沒有觸犯《規例》。我認為《規例》條文清晰，涵蓋範圍合理，市民不必過慮。

國際有先例　香港罰則已較輕

國際上有超過二十個國家及地區有各種形式的禁蒙面法。其中，美國、法國、加拿大、德國及西班牙均禁止任何人於公眾集會時蒙面以隱藏身份。加拿大是因為二〇一〇年的 G20 峰會期間，發生了大規模示威，其中很多蒙面示威者，令警方檢控困難，於是在二〇一三年立法。法國則是二〇一八年的黃背心運動使社會動盪，於是在二〇一九年年初通過《反暴動法案》，禁止示威者遮蔽面部，方便警方識別身份，情況和香港類似。

禁蒙面法通常有監禁的懲處。美國有十多個州份有禁蒙面法，紐約市警方於二〇一一年以禁蒙面法檢控「佔領華爾街運動」的示威者，最高刑罰可判監十五天。在法國和德國，示威者如遮蔽面部，會面臨最多一年監禁。加拿大的懲處則最嚴苛，在非法集會或暴動中蒙面，監禁年期可分別高達五至十年。

喚醒守法循規　尊重法治

而在香港，《禁止蒙面規例》的第三條及第五條分別列明，因應不同情況，違者可判處監禁六個月或一年。相比起加拿大等國家，香港的懲處並不重，甚至有市民認為刑罰太輕，欠缺阻嚇力。然而，在警方的角度，拘捕及檢控在上述集會中戴口罩的人士，相對容易證明，也不需要證明該人士有沒有犯罪意圖等等，有助執法。

社會不會因為實施《禁止蒙面規例》而一夜還原，蒙面暴徒沒有因為《規例》而卻步也是事實，他們繼續攻擊社區，到處破壞、縱火，相信這些是政府預料之內的。新民黨及多個建制派議員的辦事處遭暴徒刑毀、搜掠、縱火，令人髮指。但這是否等於《規例》沒用呢，當然不是。

其實香港有很多法例都不是每天時刻執行的，例如不帶身份證外出是違法的，根據《人事登記條例》，沒申報更換地址是違法的，亂拋垃圾也是違法的，當局也不是每天檢控。但是，當社會發生了嚴重的違法事故，要進行檢控時，便有法例可援。

長遠而言，有法例始終會讓大部份市民提高警惕。家長老師也可向年輕人特別是中學生多解釋，若他們不顧一切蒙面參加集會甚至衝擊，已經有可能觸犯法例，有可能被檢控，將來會有刑事紀錄，終究是要付出代價的；希望可喚醒香港市民守法循規、尊重法治的良好特質。

自由非絕對　平衡個人社會利益

有意見指《禁止蒙面規例》違反人權，影響言論自由，剝奪市民免於恐懼的自由等等。我認為這些指控是誤導。

我以往多次撰文及公開解釋過，言論自由並非絕對，是有限制的。《公民權利和政治權利國際公約》（International Covenant on Civil and Political Rights）第十九條清楚指出，人人有發表自由之權利；惟權利之行使，附有特別責任及義務，故得予以某種限制，包括尊重他人權利或名譽；及保障國家安全或公共秩序、或公共衛生或風化。

此外，香港終審庭在多個案例的判詞中均表達過上述信息，人權自由並非絕對，產權也不是絕對，政府是可以立法規管的。而立法原則是要符合相應驗證法（Proportionality Test）的四項條件：一、目標要合法；二、是必要的；三、不可過份的；四、個人權利與社會整體利益之間需要取得平衡，要合乎比例。

為甚麼那麼多西方民主國家也訂立禁蒙面法呢？就是因為上述的（四），為了維持社會的整體安寧、維持公共秩序。而綜合香港目前的社會狀況，我認為《規例》所訂的涵蓋範圍、合理辯解、罰則等等，均符合上述所指的合乎比例，是適當的。

法庭駁回禁制申請　裁決合理

二〇一九年十月四日，前學聯秘書長岑敖暉就特區政府頒佈《禁止蒙面規例》而向高等法院提出司法覆核及申請臨時禁制令，惟法庭已駁回其臨時禁制令的申請。我認同法官於裁決時指出，不能假設市民不會遵守法例。我認為法庭裁決合理。

一天後（十月五日），民主派二十四名立法會議員也入稟高院，要求就《規例》頒佈臨時禁制令，及要求司法覆核《緊急情況規例條例》。民主派認為，《緊急情況規例條例》是一九二二年的法例已經過時，而立法會才是香港唯一合憲合法的立法機關，任何法例及附屬法例，均應經立法會審議及通過，方能正式生效云云。法庭同樣駁回臨時禁制令的申請。

一般市民對特區政府引用《緊急情況規例條例》有疑慮，可以理解。可是，民主派要搞清楚歷史，讀懂《基本法》。《緊急情況規例條例》的確是回歸前訂定的，而《基本法》第一六〇條列明，「香港特別行政區成立時，香港原有法律除由全國人民代表大會常務委員會宣佈為同本法牴觸者外，採用為香港特別行政區法律，如以後發現有的法律與本法牴觸，可依照本法規定的程序修改或停止生效。在香港原有法律下有效的文件、證件、契約和權利義務，在不牴觸本法的前提下繼續有效，受香港特別行政區的承認和保護」。

宜多解釋　免蹈修逃犯例覆轍

《基本法》第八條也指出，「香港原有法律，即普通法、衡平法、條例、附屬立法和習慣法，除同本法相抵觸或經香港特別行政區的立法機關作出修改者外，予以保留」。

因此，回歸前訂定的《緊急情況規例條例》便保留於《基本法》內，過渡到回歸後繼續生效。我認為泛民的理據站不住腳；惟特區政府必須多向市民解釋清楚，避免重蹈修訂《逃犯條例》的覆轍。

二〇一九年十月八日《經濟日報》

自由並非沒有限制

《禁止蒙面規例》在二〇一九年十月五日凌晨生效後的長週末觸發大規模暴力，無論是公共設施還是私人商店和酒樓都被惡意破壞，甚至有藝人因與暴徒意見不合而遭毆傷，令不少愛護香港的市民感到震驚。

有意見批評禁蒙面法出現反效果，不過其實情況是在政府的預計之內，原因有二。首先，政府深知要解決當前的困局，達到「止暴制亂」的效果，不能單靠禁蒙面法。此外，政府知道任何新法例在實施後，市民都需要時間適應和接受，所以在初期執法並不容易。例如政府在二〇〇七年將禁煙區範圍擴大至所有食肆處所的室內地方、室內工作間，公眾場所內的室內地方及部份戶外地方。不少飲食界當時對法例十分不滿，認為會嚴重打擊他們的生計。有吸煙人士甚至在法例實施後入稟控告時任特首曾蔭權及立法會對禁煙法投贊成票的議員，認為禁煙法違反基本人權。時至今日，有不少餐廳都設有露天用餐（Alfresco

Dining），令吸煙人士可在戶外用餐，以適應禁煙法。事實上在禁煙法實施後，檢控數字甚低，二〇〇七年只有約三千宗。由此可見，條例實際上只是為保障公共衛生，對在酒樓食肆吸煙人士起阻嚇作用。

在禁蒙面法實施後首三日，學生佔被捕者比例達百分之五十五，未滿十六歲的被捕比例亦由運動首百日約百分之三增至約一成，可見青少年不懂遵從法紀，以違法方式表達意見的情況嚴重。我認為這與回歸後社會上有學者、議員、意見領袖等過份鼓吹人權自由是香港的核心價值，另一方面卻沒有提醒市民遵從法紀的重要性有關，令不少青少年以為可以藉參與違法示威表達意見，最後賠上前途，令人心痛。

從不同媒體發放的片段中，不難看到有不少市民對自由有誤解。有市民以集會自由為名，將參與非法遊行合理化。有蒙面少女在禁蒙面法生效後表示她有蒙面的權利，若不蒙面反對禁蒙面法，其他方面的自由將被剝奪。

《公民權利和政治權利國際公約》（International Covenant on Civil and Political Rights）第十九條指出「人人有自由發表意見的權利，權利的行使帶有特殊的義務和責任，因此得受某些限制」，這些限制包括尊重他人的權利或名譽和保障國家安全或公共秩序，或公共衛生或道德。其實言論自由有限制的例子比比皆是，例如香港有《誹謗條例》，不少西方國家都禁止仇恨言論。再者，香港大部份的《公安條例》是港英年代留下，並根據普通法原則訂立，與英聯邦的公安條例類近，對遊行集會作合法規管，而且類似條例在世界各地的法院多年來被多次覆核，絕對符合人權標準。由此可見，言論自由不是絕對且不是完全沒有限制。

著名影星珍芳達（Jane Fonda）在華盛頓因參與非法示威被捕，原因是華盛頓法律不容許任何人在政府大樓前示威。八十一歲的珍芳達沒有投訴被捕，反而認為自己對氣候變化的問題做得不足，到華盛頓示威是以公民抗命的方式盡公民責任，並接受警方合法的處理。她的態度值得在違法後拚命逃走、聲稱「公民抗命」「違法達義」的香港示威者學習。

二〇一九年十月十四日及十七日《經濟日報》

為何政府不能特赦

根據《基本法》第四十八條第十二款，行政長官可「赦免或減輕刑事罪犯的刑罰」。網媒 *Hong Kong Free Press* 刊登二〇一九年十月十日法國漢學家白夏（**Jean-Philippe Béja**）與立法會前主席曾鈺成先生的訪問對話。曾鈺成向政府提出「特赦方案」，稱可考慮赦免：（一）在反修例風波中所犯罪行較輕的被捕人士；及（二）由政府定下一個日期，所有此後仍然參加暴力活動的示威者不可獲得特赦。不過，在此期間，行政長官林鄭月娥否認政府曾考慮特赦，更多次表明會捍衞法治精神，拒絕縱容任何暴力和違法行為。

前刑事檢控專員、英國資深大律師江樂士（Grenville Cross）在《南華早報》撰文，指出特赦可能涉及干預司法、違反「迴避待決案件原則」（Subjudice Rule）乃至違反《基本法》。Sub-judice 是指為防影響法庭審判，當案件被法庭審理時，其餘人士不得評論案件。

有質疑指為何政府不能仿效一九七七年前港督麥理浩在警廉衝突中行使特赦權。《基本法》訂明行政長官需按照《基本法》第四十八條第二款「執行本法和依照本法適用於香港特別行政區的其他法律」。在尊重司法獨立和「迴避待決案件原則」下，任何人包括行政長官，不得干預已經進入司法程序的案子。江樂士的文章指出，相較警廉衝突，據報警方就反修例風波一事至今拘捕超過四千人，當中更有不少案件已上呈法庭，正式進入司法程序。因此，政府已無法介入任何案件。

而根據《基本法》第六十三條，「香港特別行政區律政司主管刑事檢察工作，不受任何干涉」。若行政長官行使特赦權，她除了需介入案件外，更需指示律政司中止刑事檢察工作。下達這個命令無疑是違憲的。綜合以上所説，政府不是冷酷無情，而是行政長官沒有權利行使特權赦免有關人士。

除此以外，江樂士也認為行政長官介入警方調查是不恰當的。《警隊條例》賦予警方調查罪案和執法的權利，並要求警方依法執行任務。若行政長官忽然指示警方中止執法，是讓他們放棄法定職責，模糊他們的立場，讓警方處於曖昧的位置，更會讓警隊士氣大挫。

論及此處，我不禁想起《左傳》「晉敗秦師於殽」的故事。晉人在運送晉文公的靈柩途中，靈柩傳來牛叫一般的聲音。卜偃認為這是晉文公發佈的軍事命令，預示將有西方（秦國）的軍隊越過國境。到時出兵攔擊他們，必能獲勝。一切如卜偃所料，由大將先軫率領的晉軍在殽山擊潰秦軍，並擒獲三名大將。此時，晉襄公的母親文嬴，一位從秦國嫁到晉國的公主，聞得娘家大將被擒，趕忙向襄公求情，希望可以赦免他們。襄公便把他們釋放了。

先軫的話讓我印象深刻：「將士們花盡力氣才能擒拿他們，現在卻僅憑一個婦人之言釋放他們。如此便葬送了我方的戰果，助他人志氣滅自己威風，晉不久便要亡國了！」

曾鈺成的「特赦方案」中提到不能釋放「罪行嚴重，導致任何人身體受嚴重傷害」的被捕人士，但其餘罪行較輕的可考慮赦免。這是不公平的。事實上，以何準則和因素衡量及判定「罪行較輕」，因人而異，不循法律卻單憑個人意志的考慮，恐怕會讓人作出任意和不正規（Arbitrary）的裁決，違背法治精神。雖然我很同情年紀較輕的被捕人士，但我更希望通過是次經歷讓他們知道尊重法治精神的重要性。

容我重申，警隊的責任是拘捕罪犯和依法執行任務。若赦免被捕人士，除浪費警方辛苦搜集的罪證，打擊警隊士氣外，也會向社會傳遞錯誤的信息，甚至放虎歸山，後患無窮。

二〇一九年十一月二十八日及十二月一日《明報》

甚麼時候才能特赦？

《基本法》第四十八條第十二款提到，行政長官可「赦免或減輕刑事罪犯的刑罰」，但是不能在已進入司法程序的案件上運用特赦權。那麼，已經判刑的案件，甚至已經在服刑的囚犯是否可獲得特赦？

前刑事檢控專員、英國資深大律師江樂士（Grenville Cross）在《南華早報》撰文指出，一九〇七年，時任英國內政大臣赫伯特·格萊斯頓（Herbert Gladstone），曾於下議院發表有關向王室請求使用特赦權的演說。格萊斯頓主張行使特赦權時需作多方面考慮，當案情符合合理的法定基礎方能使用。考慮因素包括犯人的動機、是否蓄意、有否挑釁、犯人當時的心理素質、其個性、法律上有否相關的先例等等，準則十分嚴格。

至於甚麼時候才可使用特赦權？江樂士指出，使用特赦權的其中一個目的是彰顯法外容情。比方說，當一個囚犯即將死亡時便可考慮使用特赦權，赦免他尚未執行的刑期，讓他自由地度過最後的日子。

而另外一個特赦囚犯的目的，是讓他們協助執法部門調查案件，或提供重要資料。著名荷李活電影《捉智雙雄》（*Catch Me if You Can*）的故事便是取材於這個情況。電影講述詐欺犯法蘭克．艾巴內爾（Frank Abagnale）偽造多張支票以騙取金錢。美國聯邦調查局探員卡爾．漢萊提（Carl Hanratty）在多次調查並和法蘭克接觸後，看中這名騙徒識辨假支票的過人能力，乃安排原本被法庭判刑十二年的法蘭克在監外服刑，協助聯邦調查局調查騙案。

另外，江樂士也提到英國有時會特赦在監獄裏表現良好的囚犯。不過，上述情況均屬罕見。而且，即使有些案情符合準則，情節卻不一樣，需要考慮的地方也要因個別情況而異，萬不能一概而論，更遑論讓所有犯人不管刑期的長短和罪罰的輕重一併特赦。

二〇一九年十二月四日《明報》

香港已達臨界點　劫後管治要新風

二〇一九年十一月中，全港市民也在暴力與癱瘓之中度過。黑衣暴徒持續堵塞紅隧及各主要交通幹道，甚至火燒收費亭，向火車路軌投擲汽油彈等等，導致交通網絡癱瘓，市民上下班受到嚴重阻礙。此外，示威者首次把抗爭戰線擴至中環畢打街，連續多日中午在中環商業區均有抗議行動，這對香港的國際形象有進一步打擊。

中大二號橋成轉捩點

另一轉捩點是黑衣暴徒佔據香港中大文學連接吐露港的二號橋，向行經該處的車輛投擲雜物及汽油彈，警察驅散時，黑衣暴徒逃入中大，警察進入中大追捕，雙方發生激烈對峙，中大烽煙四起。

中大校長段崇智發出公開信（十一月十五日），指中大校園已被蒙面示威者佔領，情況失控及不可接受。黑衣暴徒甚至自設入境關卡，進入校園的車輛及人士要經他們檢查才得以放行，吐露港公路也由黑衣暴徒或封或開，簡直匪夷所思。

隨後，黑衣暴徒撤離中大，警方封閉二號橋。暴徒轉回市區，有暴徒向自發清理路障的市民擲汽油彈，有暴徒用椏杈發射汽油彈，有警員小腿中箭，有警員被鋼珠擊中面罩。暴徒又把「戰線」擴至理大及漆咸道南一帶，火燒紅磡隧道口天橋，香港儼如戰場。

香港局勢已近臨界點

我認為市民要認清，黑衣暴徒的行徑已升級接近恐怖襲擊，並且和反對修訂《逃犯條例》及「五大訴求」已沒有關係。明眼人都知道，「五大訴求」只是幌子，真正目的是革命，要推翻特區政府，彷彿政府不投降他們不罷休。若香港真的是國家而非地方特區，在這種程度的顛覆革命下，像秘魯或玻利維亞，政府已經倒台。

目前，即使特區政府沒倒台，但市民工作及生活已大受影響，中小學要停課，大學宣佈學期提早完結，內地生海外生要撤走，市面蕭條，經濟衰退，香港局勢無疑已近臨界點。

止暴制亂手段被動

這五個多月來，特區政府採取的行動都是被動、慢幾拍、拖延、錯過時機及成效甚低的。例如成立對話辦，到九月二十六日才搞了一場對話會；到九月才出動水炮車；到十月國慶日大亂才引用《緊急法》推行《禁止蒙面規例》；到十月尾才申請反起底禁制令；到十一月中才委任懲教署人員為「特務警察」及出動音波炮車等等。

其實很多法例早就擺在那兒，奈何特區政府總是顧慮太多，猶豫不決，慢而被動。事態發酵愈久，等於腫瘤擴散蔓延，現在要動手術，當然就複雜得多，力度也要大得多。

中央政府會否「出手」止亂？

特區政府沒有作為，市民開始期望中央政府「出手」止亂。根據《基本法》第十四條，

「香港特別行政區政府在必要時，可向中央人民政府請求駐軍協助維持社會治安和救助災害」。也有商界明言，即使特區政府引用《基本法》第十四條，對商界影響不大。

十一月十六日，終於有解放軍步出軍營，不過他們不是持槍止亂，而是出來清理浸大外的路障。猶記得「山竹」襲港後，解放軍也有幫忙清理塌樹，軍隊參與這類公益活動，並無不妥，卻有反對派指其違法，上綱上線，實無必要。

繼十一月四日，國家主席習近平在上海出席「中國國際進口博覽會」，突然召見行政長官林鄭月娥後；再在十四日的「金磚國家領導人會議」中指出，「止暴制亂、恢復秩序是香港當前最緊迫任務」。所以，若亂局在短期內無緩和跡象，我相信中央政府要連同特區政府作出決定，採取更有效措施，做到真正止暴制亂。

香港已經回不去

無奈的是，即使暴亂今天停止，香港已經回不去六月九日之前的日子了。和六六、六七暴動不同，當年社會團結一致支持政府止亂；可是目前的香港，四分五裂，夫妻家人朋友可以因為政見立場不同而鬧翻，藍營黃營的意識形態各走極端，中間派少之又少。

掌握話語權　解釋事實與偏見

面對如此複雜的全新局面，特區政府在武力及話語權兩方面都未能掌控大局。政務司司長張建宗在立法會發言時，竟直稱香港已在無政府狀態，又在記者會上指香港不再是安全城市，身為司長竟作如此發言，形同放棄話語權，令市民非常失望。

我認為，特區政府必須「頓悟」，繼續因循過往的管治模式將全面失敗，企圖派糖以大手筆撥款籠絡泛民也會無功而還，所謂大和解只是假象，特區政府不會得到他們的支持。

動亂平息後，特區政府須重組架構，換上全新思維，掌握話語權，包括向市民「講真話」，解釋事實與偏見。

例如，有人認為有雙普選便能解決一切問題。特區政府要向他們解釋，炒作雙普選議題是因為連結到「二〇四七香港前途」這個更大更敏感的政治議題上。雙普選並非靈丹妙藥，而真正保障香港賴以成功的，不是選舉，而是普通法下的法治制度。

例如，有市民以為拿着 BNO 英國政府便會照顧他。特區政府要向他們解釋，BNO 只是旅遊證件，即使香港湧現移民潮甚至難民潮，不見得英國政府就會接收港人。相反，拿着特區護照的話，遇事時，中國大使館會提供協助。

總結而言，我認為劫後管治，特區政府必須掌握話語權，加強解釋維持「一國兩制」的重要性，重新培養港人尊重法治、勤奮努力、尊師重道的品德等等；不能再被反對派牽着鼻子走。

二〇一九年十一月十八日《經濟通》

香港國際地位牢固　修例不會動搖

在泛民的大規模反對攻勢及赴洋游説下，《逃犯條例》修訂惹起國際社會強烈關注，美國國務卿蓬佩奧（Mike Pompeo）會見泛民元老李柱銘等人，歐盟向特首發出外交照會，英法外交部亦發表聯合聲明表達關注。

港獨立關税區地位　非美國所賜

泛民屢次恐嚇，若修訂通過美國便會撤銷《香港政策法》（US-Hong Kong Policy Act）、取消香港的單獨關税區地位，香港將失去一直享有的國際地位云云。我認為這些説法危言聳聽，皆因香港一路走來，國際關係網十分牢固，在國際舞台上佔有一席，不易因為某條法例的修訂而動搖。

大家別忘記，香港在回歸前已是享譽世界的大都會、自由港，既是「亞洲四小龍」之一，也是非常活躍的經濟體，是向很多先進國家輸出服務的大市場。

當年，英國是《關稅和貿易總協定》（General Agreement on Tariffs and Trade, GATT）的締約方，香港以英方代表團身份參與。一九八六年，香港在獲得中國政府同意後，獲得獨立關稅區地位。一九九五年，世界貿易組織（World Trade Organization, WTO）成立，香港成為創始成員，進一步鞏固單獨關稅區的地位。由此可見，香港的單獨關稅區地位，並非美國所授，也不是美國可單向剝奪。

一九八八年 Ian Hay Davison Report 裏提到，自從中國改革開放後，多了企業來港上市，金融業大幅度增長，股市壯大，成交額與日俱增。一九八七年，總共有二百七十六間企業在香港上市，總市值五百四十億美元，佔國際證券交易所聯合會（Federation Internationale des Bourses de Valeurs, FIBV）總市值百分之零點六七，總排名第二十位，在亞洲排名第三，以高速向國際金融中心之位邁進。

《基本法》保障國際優勢

回歸後，《基本法》確保了上述種種國際地位及優勢得以維持，第五章〈經濟〉及第七章〈對外事務〉便寫得相當清楚。我在這裏舉幾個例子，大家便會明白：

- 第一〇九條，「香港特別行政區政府提供適當的經濟和法律環境，以保持香港的國際金融中心地位」。
- 第一一六條，特區「為單獨的關税地區，可以『中國香港』的名義參加《關税和貿易總協定》」。
- 第一二五條，特區「繼續進行船舶登記……以『中國香港』的名義頒發有關證件」。
- 第一二八條，特區「……保持香港的國際和區域航空中心的地位」。
- 第一三三條，特區「可續簽或修改原有的民用航空運輸協定和協議，談判簽訂新的民用航空運輸協定」。

- 第一五二條，特區可以中國代表團成員身份參加「對以國家為單位參加的國際組織和國際會議」，同時，特區「可以『中國香港』的名義參加不以國家為單位參加的國際組織和國際會議」。
- 第一五五條，特區「可與各國或各地區締結互免簽證協議」。

正因為《基本法》列得清清楚楚，香港在對外事務上有某程度的自主權，得以繼續參加世貿、世衛、亞太經貿組織、亞洲開發銀行（Asian Development Bank）等國際組織，以及參加亞運、奧運等國際體育比賽，保持在世界舞台上露面。

數十年來，香港與各國簽訂了六百多份協定，包括移交逃犯長期協議、刑事司法互助協議、民航協議、避免雙重課稅協定等等，還有近兩年與東盟、澳洲簽訂的《自由貿易協定》，大大鞏固香港的國際經貿地位。

此外，香港在各項國際排名上仍然高踞前列位置。例如在剛剛三月份公佈的「全球金融中心指數」（The Global Financial Centres Index），香港排名全球第三位，亞洲第一位；只比全球第二位的倫敦低四分而已。世界正義工程（The World Justice Project）公佈的二〇一九年法治排名（Rule of Law Index 2019），香港在一百二十六個國家地區之中，排名第十六位；比排名第二十位的美國還要高。這些都反映香港是國際社會一分子，在經濟、法治、文化、體育舞台上均佔據重要位置。

制裁香港　美損失更大

即使是對《逃犯條例》修訂反應最大的美國，與香港在各方面的關係密不可分，互惠互利。

首先，正如上文提及，香港的單獨關稅區地位不是美國賜予，不是美國單方面可取消。即使美國真的向香港開徵關稅也沒大影響，因為香港的本地生產出口（Domestic Exports）數量有限，心理影響大過實質傷害。

此外，根據美國駐香港及澳門總領事館（Consulate General of the United States in Hong Kong and Macau）於三月公佈的「二〇一九年香港政策法報告」（2019 Hong Kong Policy Action Report），目前大約有八萬五千位美國人在香港工作、生活，有多於千三間美國企業在香港營運；香港是美國貨品出口的第九大市場，龐大貿易順差高達三百一十億美元。除了貿易、商業、金融，港美在學術、教育、文化、創科方面也有交流，例如二〇一八年便有七千一百六十二名香港學生在美國留學，經濟貢獻達二億七千五百萬美元。而港美在維持國際治安、打擊跨境罪行、打擊洗黑錢及緝毒等方面更有長遠而緊密的雙邊合作，就以移交逃犯為例，自一九九八年《港美移交協議》生效以來，香港已移交了六十八名逃犯給美國，人數遠較美國移交給香港的十八人為多。

由此可見，若美國真的因為《逃犯條例》修訂通過而制裁香港，撤銷和香港的合作，美國的損失更大，相信美國政府會審慎行事，不會輕舉妄動。其他國家更加不會胡來，因此，香港的國際地位，長遠而言仍是十分鞏固。

二〇一九年六月三日《經濟日報》

赴美與國會議員交流

二〇一九年八月，美國總領事邀請鍾國斌議員和我代表建制派，親赴美國蒙大拿州，出席首次「美港議員交流會」。其實這次交流在反修例示威之前已安排，籌備了差不多一年，並獲美國國務院和 The Maureen and Mike Mansfield Foundation 智庫的支持。交流的議程包括港美關係、美對港政策、美國某些國會議員提出針對香港的《香港人權與民主法案》（Hong Kong Human Rights and Democracy Act of 2019）。

美方原本邀請六位國會議員出席，最後只有四位國會議員，不過我明白邀請國會議員與香港議員交流並不容易，因為香港對美國來說可謂「below the radar screen」，即香港事務並不是美國群眾關心的議題，他們現時最留意的是中美貿易戰。此外，作為議員最重要的就是選票，對絕大多數議員而言，關注香港事務並不會增加他們的選票，所以國會議員普遍對香港的興趣其實不大。

美國國會分兩院，分別是眾議院和參議院，眾議院議員任期為兩年，因此眾議員的壓力很大，因為任期短，他們差不多在當選後便隨即要開展新一輪選舉工程，尋求連任。雖然他們在華盛頓辦公，不過需經常往返選區和華盛頓，有議員甚至每星期長途跋涉返回選區，與選民聯絡。

參議員任期為六年，由於任期較長，較能深入了解世界大事，所以他們對外交事務的興趣相對較大。美國立國時為了確保人口較少的州份不會被人口較多的州份欺凌，所有州份都有兩位參議員，而眾議員則會以人口分配。例如蒙大拿州的面積約三十八萬平方公里，為全美第四大州，人口大約一百萬人，只有一名眾議員。而蒙大拿州主要出產農作物和礦物，壯麗的景色每年吸引不少遊客，而其中一個最著名的景點就是冰川國家公園（Glacier National Park），旅遊業現時是當地發展得最快的產業。

我出席今次會議，主要是向美國反映香港真實狀況。眾所周知，香港的泛民甚至港獨人士，陸續前往美國，就各式各樣的議題向美國投訴，甚至有人要求美國制裁香港。我決定趁這次得來不易的機會，向美國就「一國兩制」的落實、《逃犯條例》修訂風波的因由，以及香港的民主自由、人權狀況等議題，如實反映意見，發放正面信息。

二〇一九年八月三十日《明報》

美人權法礙港科技發展　人才資金難留

美國總統特朗普於美國時間二〇一九年十一月二十七日簽署了《香港人權及民主法案》（Hong Kong Human Rights and Democracy Act of 2019）（下稱《法案》）和《保護香港法案》（Protect Hong Kong Act），引起北京強烈反應。

外交部立即召見美國駐華大使布蘭斯塔德（Terry Edward Branstad），提出嚴正交涉和強烈抗議；商務部、港澳辦、中聯辦以及特區政府均強烈譴責，認為美國干預香港內部事務，中國會提出反制措施。美國總商會及香港總商會亦回應指美國將香港當作中美貿易戰的籌碼，損害國際商界對香港的信心，損害美國在港利益，可見《法案》百害無一利。

遊行「感恩」美國制裁　匪夷所思

另一邊廂，香港反對派及大批市民則在感恩節舉辦「感恩大會」，感謝及慶祝美國制裁香港，還大聲呼籲更多國家加入制裁行列。香港人央求外國來制裁自己，實在匪夷所思。

這個《法案》，本來美國參眾兩院各有一個版本（下稱《參版》、《眾版》），原定兩院各自通過其版本後，會把兩個版本合併為一，再交總統簽署。惟參議院通過《參版》後，國務卿蓬佩奧（Mike Pompeo）放棄要求合併，眾議院院長佩洛西（Nancy Pelosi）代表眾議院接受了《參版》，以便《法案》盡快通過。可見民主共和兩黨為了宣洩對中國的不滿，打擊中國，還真「積極」、「爽手」。結果，眾議院於十一月二十日以417：1票大比數通過《參版》，特朗普於十一月二十七日正式簽署落實。

參院版條例門檻高　指控難成立

香港傳媒及個別學者十分關注《法案》，卻大多集中討論制裁名單、「你怕不怕被制裁」等等，未能讓市民明白《法案》將對香港造成怎樣的負面影響。

我詳細比較了《參版》和《眾版》，發現《參版》較短，用字較精煉較溫和。例如制裁官員的部份，《眾版》第七條（SEC 7）提出（A）（B）（C）三項制裁要求，在《參版》第七條（SEC 7）有不同程度的修改。

《眾版》（A）段列出強制移交（Actual or Threatened Rendition）、任意拘留（Arbitrary Detention）、虐待（Torture）及強迫招供（Forced Confession）。《參版》則淡化了，保留任意拘留及虐待；把強制移交改為違法移交（Extrajudicial Rendition）；並刪去了強迫招供（Forced Confession）。即若有人做了《參版》所列的行為，才會被美國制裁。

《眾版》（B）段指若有人重複違反《中英聯合聲明》及《基本法》的承諾，損害美國利益，將被美國制裁。這段描述空泛含糊，難以量化及界定，在《參版》刪除了。

《眾版》（C）段則是制裁嚴重違反國際認可的人權的人士（other gross violations of internationally recognized human rights in Hong Kong），這段在《參版》原文保留。

不過，正如歐美外交界人士指出，通常上述字眼用於軍政府，門檻很高，在香港沒發生這些情況，指控難以成立，難以構成制裁，難道官員議員發表評論也算是嚴重違反人權嗎？

《法案》要求總統在法例通過後一百八十日內向國會提交制裁名單，在草擬名單時需考慮國會領袖及其他國家或非政府機構提供的證據。相信公民黨、香港眾志等別有用心的組織必會積極提供香港官員、行會成員、議員及警察，甚至是選舉主任的名單，以報復、懲罰這些和他們有過節的人士，惡意明顯，其心可誅。

美國務院年度「認證」　不足懼

也許有人以為制裁官員，與他何干，他們沒留意的是，《法案》還有深切影響香港經濟及科技發展的條文，造成的傷害遠比制裁官員重要及長遠。

《法案》第四條（SEC 4）要求國務院根據《美國——香港政策法一九九二》（The United States-Hong Kong Policy Act of 1992）就香港的自治情況作出年度「認證」（Certification），規格比過往的「報告」（Report）高，檢視的十五個範疇巨細無遺，從商業協議（Commercial Agreements）、司法互助（Law Enforcement Cooperation）、引渡要求

（Extradition Requests）、制裁執行（Sanctions Enforcement）、出口管制（Export Controls）、教育（Education）以至其他港美協議的執行情況等等。

一直以來，國務院提交的香港年度報告也是正面的，香港於執行既有協議方面也是做到十足，例如在引渡方面，香港一直是美國的好夥伴，移交了很多逃犯給美國。

但是在制裁執行方面，香港作為中國一部份，只執行聯合國安理會通過的制裁，但美國的期望是執行美國單方面的制裁，例如制裁伊朗或北韓等中方盟友，香港做不到。

出口管制　損港國際商業中心地位

而將對香港造成最大傷害的條款，是《法案》第五條（SEC 5）有關出口管制（Export Controls）的條文，因為，美國口中的出口管制，即是高科技出口管制。美國針對中國，要檢視香港的高科技出口管制有沒有違反美國要求，即是企圖禁止香港把敏感的高科技技術輸送到中國，協助中國發展大數據、監察系統、社會信用體系等等。（...used to develop the Sharp Eyes, Skynet, Integrated Joint Operations Platform, or other systems of mass surveillance and predictive policing; or the social credit system of the People's Republic of China...)

美欲打擊大灣區　香港成工具

另一條文則是企圖阻礙中國利用香港的單獨關稅區地位，把敏感產品、高科技產品轉移到大灣區，協助大灣區發展。（...to use the status of Hong Kong as a separate customs territory to import items into...as part of the Greater Bay Area plan...）說穿了，美國就是覺得中國大灣區計劃有威脅，矢志打壓中國的科技發展，香港成了工具，日後難以採用美國的科技，勢將嚴重窒礙科技發展，長遠而言會削弱香港的競爭力，人才資金統統留不住。

美國總商會回應指他們早已提出憂慮，《法案》將損害美國在港商業利益，損害香港作為國際商業中心的地位，特別是有關出口管制的部份，影響最嚴重。

可惜香港的反對派及年輕人看不到這些惡果，因為對中國不滿而不惜傷害香港，為了洩私怨而着眼制裁，摧毀「一國兩制」，攪炒自己的家，令人痛心。

二〇一九年十二月三日《經濟日報》

美人權法圍堵　推港邁「一國一制」？

踏進二〇二〇年，我相信絕大部份香港人都祈願香港和平，社會恢復寧靜。可是，大家別忘記，還有一條《香港人權及民主法案》（Hong Kong Human Rights and Democracy Act of 2019）（下稱《法案》）橫於香港頸上，將對香港造成深遠影響。

美國總統特朗普於二〇一九年十一月二十七日簽署的《法案》是《參議院版本》，整個《法案》共有十條（SECTION 1 to 10），香港傳媒及泛民只關注制裁名單，卻忽略了其他更具破壞力的重要細節。

制裁反人權官員　門檻甚高

有關制裁（Sanction）的條款（第七條），之前的《眾議院版本》包括了制裁人士的直系家屬（Immediate Family），最終《法案》則已刪掉這條款。此外，《法案》新增了日落條款（SEC 7（h））、列明整個第七條及由此衍生的制裁內容，均由《法案》簽署起計五年後終止無效。再加上制裁內容主要是針對嚴重違反人權的行為，門檻甚高，特區政府及官員難以達到此門檻，可見單是制裁官員並不「辣」，《法案》「辣」在其他條款，以下逐一探討。

《法案》第七條是 Sanctions Relating to Undermining Fundamental Freedoms and Autonomy in Hong Kong，重點字是 Autonomy——自治。相信過去特區政府官員議員與美方交流時，均有明確表達，香港一直享有的是在「一國兩制」及《基本法》下的高度自治（High Level Autonomy），而非完全自治，香港也不是自治區。因此，美方根據甚麼客觀基準來做年度認證（Certification），審視香港是否足夠自治（Remain Sufficiently Autonomous）等等，便份外值得商榷。

《法案》第四條（SEC 4）提出了這個準則——...indicates whether Hong Kong continues to warrant treatment under United States law in the same manner as United States laws were applied to Hong Kong before July 1, 1997... 即是以一九九七年回歸前的狀態作標準。

這個比較基準非常重要，然而，我認為原則上是錯誤的。道理很簡單，今日美方應以一九九七年前的模式比較今天的香港嗎？不能吧。因為香港的憲制地位已發生了質的改變，現在香港是中國的一部份，是中國的特別行政區，香港享有高度自治，但是不可以違背或傷害中國的國家主權、安全及發展利益。

舉個例，《法案》第四條提出檢視十五個範疇，包括「制裁的執行」（Sanctions Enforcement）。一九九七年前，香港是英國殖民地，而英國作為美國盟友，追隨美國而命令香港一起制裁北韓的話，香港做得到。可是回歸後，香港只執行聯合國安理會通過的制裁，若中國沒要求香港制裁北韓，香港不會隨美國要求加入其制裁行列。這種情況下，香港是高度自治受損嗎？當然不是。但是若美方因此而評定香港沒有足夠自治，就太不合理了。

法案最辣處　美呼朋喚友打壓

此外，我認為《法案》最「辣」的地方，是美國不單止自己處處限制香港，還要呼朋喚友一齊來，《法案》第三條（SEC 3）第十一款寫得十分清楚，美國會和英國、澳洲、加拿大、日本及韓國等盟友協調，合力推動香港的民主及人權發展云云。

例如《法案》第四條（SEC 4）提到，若有個別香港人士或學生因為政治動機被捕、被拘留、被檢控，而該人士要離開香港，申請去美國讀書、工作的話，美國會發出簽證；而且美國領事館會持續更新上述活躍人士的名單。

美國國務卿更會和其他志同道合的國家合作（Cooperation with Like-minded Countries），通報美國對香港抗爭者的相關政策，鼓勵盟友們採取相同措施。換句話說，美國開宗明義會聯同其他國家包庇及保護香港的政治抗爭者。

《法案》第八條（SEC 8）第六款更列明，美國總統呈交制裁報告（Sanctions Reports）後，會鼓勵其他國家採取類似制裁措施來制裁香港！

美國企圖合多國之力圍堵小小的香港，項莊舞劍，意在沛公。美國顧忌誰，想打擊誰，其目標昭然若揭。

打擊香港國際地位　衝中國而來

我認為，美國刻意在香港陷入反修例風暴難以自拔之際，修改一九九二年立的《香港政策法》（Hong Kong Policy Act of 1992），當然別有用心，當中很多條款，例如第五條（SEC 5）「大灣區條款」，其實都是衝着中國而來，而且還會聯同其他國家再踩香港一腳。香港作為中美角力的重要棋子，面對口口聲聲要制裁的《香港人權及民主法案》，躲不開也避不過，只能硬着頭皮應對。

若美方根據《法案》實施各種制裁措施，香港的國際關係及地位受到打擊，惟有更加依賴中國尋找出路，實際效果就是把香港推向「一國一制」——美國實在「功不可沒」。

二〇二〇年一月六日《經濟日報》

《香港人權及民主法案》禍港打擊深

二〇二〇年一月八日的立法會大會討論由鍾國斌議員提出（邵家輝議員代問）有關《香港人權及民主法案》（Hong Kong Human Rights and Democracy Act of 2019，下稱《法案》）的質詢，我要求商經局副局長陳百里講解《法案》第五條對香港的影響，陳副局長竟然説沒有《法案》在手而未能回答問題，我感到十分失望及遺憾，因為《法案》第五條嚴重窒礙香港高新科技的發展，打擊深遠，實在十分重要。

第五條「大灣區條款」

我稱《法案》第五條（Annual Report on Violations of United States Export Control Laws and United Nations Sanctions Occurring in Hong Kong）為「大灣區條款」，皆因整條條款都是針對大灣區的高科技發展及香港的角色而制訂的。

首先，第五條規定美國商務部長、財政部長聯同國務卿，需在《法案》通過後七年內，逐年提交年度報告，審視香港高科技產品違反美國出口管制的程度。條款原文是 an assessment of the nature and extent of violations of United States export control and sanctions laws occurring in Hong Kong. 關鍵字是 extent of violations，即是美方已經設定香港是有違反的，年度報告是檢視違反的程度。

第五條（a）（3）列明，要評估有沒有受美國出口管制的敏感民用軍用兩用產品（Sensitive Dual-use Items）透過香港轉運至中國，發展中國的大數據、監察系統或社會信用體系。

第五條（a）（4）則要評估中國如何利用香港的單獨關稅區地位把違反美國出口管制的高科技入口到大灣區去（...to use the status of Hong Kong as a separate customs territory to import items into... as part of the Greater Bay Area plan ...）。因為中國把香港定位為國家的科技及創新中心（... through the assignment by Beijing of Hong Kong as a national technology and innovation center ...），觸動了美國的神經，使美國更加敏感。

我素來覺得國家把香港定位為科技及創新中心是太抬舉香港了，香港的創新科技基礎、能力及人才各方面均未及深圳。以往，香港在高科技出口方面有優勢，是因為香港從港英時代起，追隨英國享有西方的特別待遇，可以輸入民用軍用高科技產品。

然而，在回歸二十三年後，上述優勢將隨着《法案》的通過而消失。美國忌憚中國大灣區計劃的威脅，同時認定中國利用香港的單獨關稅區地位及科技及創新中心的定位來獲取美國的高科技，矢志打壓，日後香港將難以輸入美國的高科技產品了。

美國打壓中國科企

香港要發展高新科技，不能不和內地合作。可是，隨着中美貿易戰的發展，中國很多科技企業都被美國打壓。

二〇一九年十月，美國商務部把 AI 獨角獸商湯科技（SenseTime）及其他二十多間中國科技企業納入出口管制清單，禁止和美國公司交易、入口美國產品或購買美國技術，例如半導體、晶片等等，藉以進一步加強對中國的封殺。

商湯科技是由湯曉鷗教授帶領的中大工程學院團隊創立的初創企業，在香港、北京、上海及深圳均設有基地，專門開發人工智能深度學習、人面辨識、遙感影像、擴增實境等技術，與華為、小米等維持戰略合作夥伴的關係，市值達七十五億美元。創辦人湯曉鷗教授與內地科技界關係千絲萬縷，經常穿梭中港各地，在目前形勢下，美國怎會容許這類企業入口美國的先進技術？

香港創科路遙

美國無所不用其極，阻礙中國登上AI一哥的寶座，而香港在中美貿易戰及《法案》的雙重箍制下，想要真正成為科技及創新中心，真是難上加難，未來或者需向美國及其盟友以外的國家（例如德國）輸入科技。

我認為香港另一個可行方向是避重就輕，即是發展金融科技、虛擬銀行或虛擬貨幣這些相對簡單、不需要採用美國先進半導體或晶片的技術，捨難取易，或有生機，但以香港目前停滯不前的創科環境而言，要突圍也非易事。

《法案》禍港　泛民「功不可沒」

回說一月八日的立法會大會，公民黨郭榮鏗議員振振有詞，說「本人及公民黨支持《香港人權及民主法案》，認為《法案》有助保護香港在《基本法》下應有的人權和法治」。我認為他是顛倒是非。

事實上，香港在多項排名榜表現優良，例如最近菲沙研究所（Fraser Institute）公佈的「警察可靠度排名」（Reliability of Police Services），香港排名第六位，比加拿大（第八位）、澳洲（第十位）及英國（第十八位）的排名均要高，美國更只是排名第二十六，遠遠落後。

由此可見，市民必須瞪大眼認清楚，正正就是郭榮鏗、楊岳橋、涂謹申、葉建源、陳方安生及黃之鋒等泛民人士多次赴美，假借保障香港人權自由之名，游說美國國務卿蓬佩奧及其他國會議員通過這條禍港《法案》，要求美國及其盟友制裁香港，真正目的就是箝制中國及香港的發展，將來香港的高新科技無法突圍，這批人「功不可沒」。

二〇二〇年一月二十日《經濟通》

拆解「美國香港對話」

二〇二〇年三月初，我聯同陳智思、廖長江及張國鈞三位行政會議成員，一起參加了由 World Affairs Council 主辦的「美國香港對話」（US-Hong Kong Dialogue），我們在美國加州逗留了幾天，和美國副助理國務卿費德瑋（Johnathan Fritz）、美國駐港澳總領事史墨客（Hanscom Smith）及美國眾議院外交事務委員會幕僚等專家，進行了兩天的交流，我們積極向美方反映香港的實況。

兩次跨黨派交流

這次「美國香港對話」緊接我在二〇一九年八月到美國蒙大拿州參加的「美港議員交流會」。上一回是由美國智庫 The Maureen and Mike Mansfield Foundation 主辦，美國駐港總領事邀請了數名建制及泛民立法會議員出席，美方的主要參加者是國會議員，當時有兩位共和黨議員及兩位民主黨議員參加，屬於議員之間的交流。至於今次則沒有國會議員參加，主要是官員，性質是「對話」（Dialogue）。兩次交流均是跨黨派的（Cross Party），以達致比較平衡的觀感。

兩次交流，一次以議員為主，另一次則以官員為主。我認為主要原因是，去年八月的時候，《香港人權及民主法案》（Hong Kong Human Rights and Democracy Act of 2019，下稱《法案》）尚未於國會通過，美國國務院希望在《法案》通過前，透過跨黨派交流，讓美國議員有多些機會了解香港情況。

而《法案》在二〇一九年十一月二十七日通過了後，議員的角色已結束，之後負責執行的是行政機關。例如《法案》要求國務院、商務部等多個政府部門提交年度報告或「認證」（Certification），總統也須在《法案》生效後一百八十日內向國會提交報告，會否提交制裁名單等等。

泛民推動制裁

這次訪美引起傳媒注意，但是傳媒的關注點仍然只是制裁、有沒有制裁名單、誰在名單上等等。這正是泛民議員一直推動《法案》的目的，他們高調地向支持者告狀，要求美方盡快啟動制裁機制。

我認為這些純屬政治動作，因為《法案》條文本身寫得相當清楚，第七條（SEC 7）列明總統須在《法案》生效後一百八十日內向國會提交名單。

過往已有美方官員、國會議員等多次向我們解釋，實施制裁的門檻是非常高的。《法案》第七條（1）（A）列出的範圍，包括非法移交（Extrajudicial Rendition）、非法拘留（Arbitrary Detention）、酷刑（Torture）等等。香港沒有這些狀況，也沒發生第七條（1）（B）所指的嚴重違反國際人權標準事件（other gross violations of internationally recognized human rights in HK），因此我看不到香港會被制裁。

此外，美國國會Congressional Research Service在二〇二〇年二月的文件指出，國會的動機（Intent of Congress）是預防、糾正，而非懲罰（More Preventive and Corrective than Punitive）。即是美方希望防止或糾正香港出現一些他們認為侵犯人權或違反西方核心價值的狀況，而非為了利用《法案》來懲罰香港。

制裁不在議程上

回說這次「對話」是有正式的議程（Agenda）。從美方設計的議程及交流形式看來，制裁並非是次「對話」的重點，Sanction 這字甚至不在議程上。

三月六日（五）的主題是「美港關係」（US-HK Relations），第一部份由國會資深政策專家向我們解釋《香港人權及民主法案》及《香港政策法》（Hong Kong Policy Act）的背景、目的，也澄清一些誤解。第二部份集中討論美港雙方的經濟合作及貿易（Economic Cooperation and Trade），探討如何加強貿易、投資等等。下午的重點則是如何加強文化、教育、專業交流（Opportunities for Further Cultural、Educational、and Professional Exchange）。

三月七日（六）早上的主題是「對話溝通的技巧」（Tools for Dialogue and Mediation）及「香港社會的對話選項」（Hong Kong: Options for Societal Dialogue），由民間機構 Civic Health 的專家主講，向我們介紹怎樣以新的形式進行溝通對話，我們建制泛民議員也一起參加了討論及玩遊戲。下午則由美方專家主講「廣義的美中關係」（US-China: Some Big Pictures Reflections）。

由上述議程設計可見，是次「美國香港對話」是從廣義、多角度探討美中及美港關係及發展，制裁並非焦點。在兩天的正式會議上，未見泛民議員要求美方制裁香港哪些官員，也未見泛民議員提交制裁名單。當然，他們有沒有在會議外私下做這些事情，則不得而知了。

《法案》干擾香港

在我看來，《法案》的政策目標表達了美國支持民主發展的核心價值，無可厚非。但是《法案》第三條（SEC 3）要求香港在二〇二〇年進行雙普選，則是干預香港的高度自治。

每個國家地區的政治、社會環境及民情都不同，甚麼時候適合實施西方民主選舉，應該由當地政府及社會，在廣泛諮詢及深入理性的討論來決定，決非由外國政府在其法例內決定，這是不合理的。

泛民莫做千古罪人

當然，《法案》經已通過，等於箭在弦上，何時發射，主動權還在美國行政當局手上。但是泛民議員因為對政府及警察不滿，因為私怨，把香港污名化，把美港關係收窄到制裁官員、報復警察；假如日後國際社會知道香港有官員遭制裁，將會對「一國兩制」、香港的國際聲譽造成嚴重打擊。泛民議員的行為非常要不得，完全不符合港人利益。

我認為泛民議員應該深切反省，別做傷害香港的千古罪人。

二〇二〇年三月十六日《經濟通》

反修例運動反映教育失敗

反修例運動已持續半年，其中一個「特色」，就是有大量年輕人、大學生及中學生參與。根據報道（《明報》二〇一九年十二月八日），警方近半年來拘捕近六千人，被捕學生二千多人，「八大」學生超過七百人；年紀最少的只有十二、十三歲。他們參與的不只是人鏈活動或者和平遊行，而是圍堵校長、砸爛校長室、破壞校園、街頭衝擊、擲汽油彈、縱火，甚至是製造火藥等等，讓人震驚又痛心。

另一方面，在中大、理大被佔領後，警方在校園搜出三千多枚汽油彈、原材料、有毒易燃化學品及弓箭等，原來大學校園已變成火藥庫；二〇一九年十二月九日，警方在上水天平邨拘捕十二人，被捕者包括六名學生及一名教師，實在叫人難以置信。

香港教育崩壞

上述種種暴露了一個重要問題——香港教育崩壞了——國情教育失效、價值觀扭曲、個人品德蕩然無存、不尊重別人、守法意識薄弱等等，原來在不知不覺間，我們的教育制度已經千瘡百孔，並沒有把同學好好地教育起來。

新高中學制是問題根源

我認為問題的根源是教育改革推行的新高中學制。教育局在二〇〇九年推行新高中學制以來，特區政府的教育開支逐年增加，從二〇一五至二〇一六年度的七百九十三億元增加至二〇一九至二〇二〇年度的一千二百四十億元，可是資源花得不到位，教育問題一籮籮，終於累積在這半年內爆發。

學術水平下降——新高中學制的初衷是讓同學文理互通，要求同學必修中英數通四科，及不限文理選修兩至三科選修科，並把中五會考及中七高級程度會考改為中六文憑試，同學一試定生死，而且因為三年高中課程既多且廣而造成沉重壓力，再加上很多科目的設計不倫不類，同學的基礎知識並沒有提高。最近的 PISA 報告也反映了這點，香港學生在科學、數學及閱讀的得分及排名也下跌了，科學能力的評分甚至被澳門超越了。

通識科問題多——通識科一直為人詬病，六大單元中的「今日香港」和「現代中國」怎樣教怎樣考常惹爭議，政治參與題往往成為焦點。教科書不用送審無法確保內容方向及水平，教育局直至二〇一九年十月才推出「自願接受專業諮詢服務」，鼓勵出版商自願送審。老師依靠報章網站報道作為教學及討論材料，可是現今報章網站的立場及內容水平值得商榷。教育局把 Critical Thinking 錯譯為「批判性思考」，讓老師同學誤以為一味批評便可，教育局在二〇一四年終接納我的建議，把 Critical Thinking 改譯為「明辨性思考」，可是「批判性思考」已恨錯難返。

不讀中國歷史——中國歷史科不是必修科，更不是賺錢神科。新高中學制推行以來，修讀中國歷史科（及其他人文科目）的人數持續減少，同學不了解中國歷史，卻可能從網絡上接收有關中國的負面資訊，潛移默化，哪會愛國？

缺乏品德教育——以往我們注重同學「德智體群美」五育發展，尊師重道、有禮守規是基本的價值觀。可是隨着教育改革，學校要達到的目標太多，要兼顧的雜事太繁瑣，再加上課時有限，此消彼長下，品德教育漸漸不受重視，終於發生同學肆意圍堵挑釁校長等等事件。

校本管理走偏——教育局於二〇〇四年推行校本管理，原意是讓辦學團體及校方因應辦學理念，發揮更大的自由度，規劃課程等等。可是近年，「校本」二字成為教育局推卸責任的擋箭牌，教育局對「校本教材」缺乏監管，例如針對中國的「校本筆記」屢見不鮮，反修例風波以來更出現各種仇中仇警工作紙，而且滲透不同的年級及科目，可是教育局頂着「校本」二字只是慢慢地調查，發發警告信，未見任何快速積極的行動撥亂反正。

老師立場強烈——我相信絕大部份教師都是專業可敬的，可是在反中反共的大浪潮下，有老師把個人的政治立場及仇警情緒帶入課室，在網上發放偏激言論，甚至帶領同學違法，在天平邨被捕的老師便是一例。

是時候檢討教育

自從我擔任立法會教育事務委員會主席以來，便經常收到市民電郵，向我投訴各種教育問題，要求改革，可見廣大市民都關心我們的下一代，痛心有那麼多年輕人走上違法的道路。

事實上，教育改革已推行十九年，既然已暴露了那麼多問題，是時候討論改革。

加強國情教育——不讀中國歷史，空談愛國。與其讓同學在網絡接收錯誤信息，不如讓同學必修中國歷史，至少加深對中國的了解，建立正確歷史觀。

通識適宜選修——大學沒有哪個學系要求必修中學通識，海外升學的話通識更不計分，加上通識科問題多多，我建議把通識科轉為選修科，讓真正有興趣的同學修讀。通識科教科書必須送審，保證內容質素。

檢討校本管理——我希望教育局不要再拿校本管理作擋箭牌，拿出勇氣檢討校本管理政策，加強對學校、特別是「校本教材」的監管，保障同學的學習品質，撥亂反正。

加強老師培訓——立法會教育事務委員會剛通過一項無約束力議案，要求教育局認真跟進違規老師的個案。長遠而言，教育局必須加強對老師的培訓及監管，我建議老師須宣誓效忠香港特別行政區，不能把個人政治立場、極端思想灌輸給同學。

改革教育必定荊棘滿途，但正正因為教育對香港的未來十分重要，因此更值得特區政府拿出勇氣和魄力來推動！

二〇一九年十二月十六日《經濟通》

獲選教育事務委員會主席

我自從二〇〇八年當選立法會議員後，便是教育事務委員會的成員，本年度很高興得到其他議員同事的支持，獲選為教育事務委員會主席。

過往的主席人選曾經有教育界人士（例如葉建源議員），亦有非教育界人士（例如張宇人議員及蔣麗芸議員）。我認為這是恰當的，因為教育的持份者並非只是老師或校長，亦包括家長、學生、僱主，甚至所有納稅人。現時政府每年的教育開支已達千四億元，是政府各個政策範疇中開支最大的。教育的發展對社會影響深遠，未來的教育如何發展，如此龐大的資源是否用得恰當，是教育事務委員會應該關注的。

二〇一九年十月十八日的會議上，有議員要求我介紹政綱。我自二〇〇六年從美國回港、二〇〇八年起擔任立法會議員至今，一直關注教育議題，包括新高中學制課程的成效（特別是通識科）、新高中學制內九大共通能力之一的 Critical Thinking，中文譯作「批判性思考」並不恰當（後來教育局接納我的意見，將其改為「明辨性思考」），以及中國歷史教育的問題等，我經常就相關議題發表文章，甚至直接向教育局提交建議。但我認為，擔任主席並非為推廣自己的教育理念，而是根據議事規則，公平公正地主持會議。我在此向各位同僚承諾，我擔任主席後，教育事務委員會不是我發表個人意見的平台，提問時亦會根據議事規則，會遵守秩序排隊，懇請各位同事放心。

教育事務委員會通常是每兩個月的首個星期五早上召開會議。副主席葉建源議員建議，將會議時間改為星期一至四其中一天的早上，原因是全港四份報章的教育版，於週末並沒有相關版面，他希望更改會議日子，讓報章可於星期五的教育版報道委員會的討論事項。我會與秘書研究，看看能否作適當的安排。

最後我想指出，教育事務委員會的待議事項範圍非常廣闊，由建校工程、學前教育、中小學到專上教育、品德及性別教育、少數族裔學生的教育支援、資訊科技及 STEM 教育等等，目前的待議事項已有三十項。例如有委員提出討論修例風波引發的教育問題，政府訂立《禁止蒙面規例》後，相關法例在校園如何執行及有何影響等等，可見教育事務委員會的工作非常繁重，我會跟隨慣例，聯同副主席葉建源議員，與教育局局長楊潤雄召開工作會議，商討來年工作安排，為香港教育界作出更多的貢獻。

二〇一九年十月十八日 facebook

不應姑息罷課

有政治團體及學生關注組織呼籲大學及中學罷課，利用罷課作為表達政治訴求的手段，我認為極不可取。

中學是學生接受基礎教育的重要一環，對學生的知識基礎、身心發展及前途均有重大影響。學校理應是讓學生愉快學習及成長的地方，不應成為政治角力的場所。若把校園捲入政治紛爭，讓社會撕裂的氣氛於校內蔓延，對學生而言百害而無一利。再者，中學生、特別是初中生的心智尚在發展階段，對事情的判斷容易出現偏差，部份學生可能受到同輩壓力而參加非法活動，對學生而言絕非好事。因此，學校應按照教育局發出的指引，堅決反對學生罷課。

在這樣紛擾的社會環境下，學生的情緒難免受到影響，學校應多留意學生的情緒，觀察他們是否感到困擾，提供適切的輔導，並透過社工與同學討論。

至於大學院校的學生發起罷課，我感到非常可惜。學生選擇罷課並且示威，其實正在扼殺自己的學習機會。雖然有人發起「罷課不罷學」，但是很多大學課程，特別是理科課程，是需要課堂參與的，例如實驗、小組討論等等，這些並非透過網絡或校外學習可彌補。現代社會競爭愈來愈激烈，因政見問題而失去學習機會，實在是浪費了寶貴的光陰。

最後，我呼籲各位大學校長，應按校規處理學生罷課的問題。若有學生未能符合學術上的要求，例如欠交功課、無法達到課堂出席率及參與度的要求，不應酌情處理，不應讓罷課、曠課的學生以為自己享有特權或優惠。若學生選擇罷課去示威，卻同樣獲得學分，對那些留在課堂上努力的同學而言，非常不公平。

作為本地重要的教育機構，大學應該堅持原則，好讓年輕人知道，做任何事之前都應該顧及後果。

二〇一九年八月三十日 facebook

大學生無視法律令人失望

二〇一九年十一月六日，香港科技大學校長史維，就該校一名二十二歲男學生於十一月三日晚在將軍澳尚德邨停車場墮樓事件，舉行論壇與學生公開對話。活動中有學生向史校長聲稱搜集了有關「證據」，高叫口號並多番逼問校長。另外，一名同場的內地學生與鄰座的學生發生碰撞，後被多名學生包圍毆打至頭破血流，即使史校長多次勸阻也無效。

得悉那位墮樓學生不幸離世，我深感惋惜和痛心，也理解同窗們的悲痛。然而以事論事，大學生無視校規和法律令人失望。

自反修例風波以來，所謂的「私了」日趨嚴重。「私了」是指遇到持不同政見的人，或基於私人原因，使用非法手段懲罰他人。網上有人聲稱他們是「違法達義」，表達政治訴求。然而，執行「私了」的人除在肆意宣洩憤怒後得到自我滿足外，被毆打的「私了」對象不會因而改變政見，反而會加深仇恨。我認為這樣利用道德和同理心粉飾暴行，以及合理化暴力，是扭曲的。

香港是法治社會，完善的法律制度及尊重法治精神就是基石。一個人是否有罪或判處甚麼刑罰該由法庭經適當的程序裁決。任何越過法律的行為只會破壞法治，並引致社會秩序崩潰。

孟子曰：「不以規矩，不能成方圓。」各人遵守規則方能讓社會有秩序地發展下去。回説科大事件，校方設有紀律處分程序和專責委員會，傷人的學生會得到應有的懲罰，其他學生並沒理由使用暴力。墮樓學生一案也會交由死因庭跟進，學生不必再糾纏於「證據」是否屬實。

大學生接受高等教育，應明白尊重法律的重要性。我勸喻各位看待任何事情需保持冷靜，理性處理。

二〇一九年十一月十三日《明報》

大學生禮崩樂壞叫人遺憾

香港科技大學論壇事件中，有學生在論壇上逼迫史維校長回應他們的訴求。那邊廂，在香港中文大學的師生對話大會上，有學生用鐳射筆照射段崇智校長的眼睛，又用粗言穢語辱罵他。

大學生寒窗苦讀十多年，理應遵古訓、行仁義、敬愛師長、砥礪德行。上述樁樁件件卻與社會期望背道而馳。我鼓勵大學生多思考分析問題，接受各方面的資訊後建立自己的立場，並持開放態度與不同意見者理性討論。然而，這不等同於把對政府的不滿帶進校園，肆意發洩情緒，指罵圍堵同輩和師長。

「尊師重道」是中華民族的傳統美德，荀子更曾以一句「國將興，必貴師而重傅」道出尊師跟國家興衰之間的重要關係。今日大學生不守禮儀，待明日他們為人師表，不再弘揚「尊師重道」的重要性，我憂心這麼珍貴的中華文化將日漸散失。

現今大學校長高薪厚祿，教職人員工資和福利待遇穩定。無奈有些教師傳授知識只為可觀的報酬，師生關係淡薄。良好的教育是雙向的。學生能敬重學業，除需他們尊師外，師長亦要配合。我得悉部份大學課程不注重學生的課堂出席率，有學生趁機放下學業參加示威，卻仍能順利完成課程。這樣對認真上課、勤學苦練的學生並不公平。望教師留意這種情況，改善學生對待課業的態度。

十一月原是莘莘學子慶祝成果，享受莊重的畢業典禮的美好季節。美國哈佛大學更會直播畢業典禮，讓畢業生接受社會大眾的祝福。我為今年因學生對國歌和主禮師長不敬而取消的中大畢業典禮感到遺憾。面臨禮崩樂壞之時，唯盼香港的教育能重回正軌。

二〇一九年十一月十六日《明報》

大學校園不是法外之地

二〇一九年十一月十三日，保安局局長李家超於立法會回應傳媒提問時，強調「香港沒有一處地方是法外之地，包括大學」，表明警方在大學校園執法實屬正確。

根據《警隊條例》第十條、第五十條（3）及（4），警察當有合理懷疑，可進入任何公共及私人場所而不需搜查令。法院已就中大學生會申請臨時禁制令、禁止警方在沒有搜查令下進入校園及使用群眾管理武器一案，判學生會敗訴，拒絕批出。由此可見，警方若有合理懷疑，即可進入校園執法、調查及拘捕，學校根本沒有合法理據阻止。

我相信香港的學生，甚至部份市民均抱有非常大的誤解，以為警方不能進入校園。但以美國及英國為例，事實絕非如此。我曾於美國史丹福大學就讀四年，知道美國不少院校均設有警崗。其中一個原因當然是美國校園經常發生槍擊事件，因此完全明白警方進駐校園的理由。

昔日美國校園槍擊事件未如現今嚴重，當年我就讀史丹福大學時，氣氛縱使比現時和平，但校園內亦經常有便裝警察埋伏。他們會混入學生當中，留意學生在校園內酗酒（美國人酗酒情況嚴重，法例對於飲酒的規定非常嚴格，法定飲酒年齡是二十一歲，美國《最低飲酒年齡法案》規定，未成年人在公開場合飲酒，一經發現將會被罰款）、濫藥及舉行不同派對（例如Frat Parties、Fraternity、Sorority等）時的瘋狂行徑；特別是在大型球賽中，大學生酒後生事的情況經常發生，便裝警察於適當時候會挺身而出，制止違法行為（例如毆鬥、吸毒、非禮及強姦等）。

曾幾何時，我不明白為何史丹福大學會巨額捐款予帕羅奧圖（Palo Alto）和門洛帕克（Menlo Park）兩個城市，後來我得悉因史丹福大學校園面積超過八千畝，佔地甚廣，捐款予這兩個城市的消防局及警署，根本是等於「差費」，用作保護校園內超過一萬名學生的安全。美國社會暴力情況遠比香港嚴重，市民及師生的守法意識甚高，明白警察是維持秩序，一般人不會質疑執法部門在校園內執法，我實在不明白部份香港市民為何不讓警方進入校園。這一點香港大學的校方必須理解，以及向學生詳細解釋。

二〇一九年十一月十九日《明報》

大學管治失格

二〇一九年十一月十一日，網上號召「三罷」，觸發黑衣暴徒新一輪示威，市面陷入一片混亂，中大和理大先後遭佔據，黑衣暴徒將大量汽油彈等危險物品運入校園，又闖入實驗室取走危險化學品，大學校園頓成火藥庫及主戰場。

大學生把警察視為仇恨對象，不停向警察投擲汽油彈，雙方長期對峙，中大二號橋被警方封閉，理大連接紅磡車站的天橋更遭燒毀，令人心痛。大學本應是社會人文及知識水平的象徵，現在彷彿淪為反政府溫床，大學管理層卻未有捍衛基本原則，任由暴力及仇恨蔓延，難辭其咎。

歐美等地一般對大學的管治有非常嚴謹的要求，特別在確保種族平等方面，除了嚴格禁止所有不同類型的歧視，更會為來自不同背景及族裔的學生預留配額，讓較弱勢的少數族裔，例如非洲裔、拉丁美洲裔及亞洲裔等等，有平等的機會進入大學。這點相信與歐美的歷史有一定關係。美國的民權運動經歷超過一個世紀，直至一九六〇年代末期才正式賦予非商人士公民權利，包括公平的選舉權利等等。而歐洲各國經歷第二次世界大戰中法西斯主義對猶太人的壓迫，更深切了解仇恨所引發的破壞。因此近年法國及英國等地均以立法方式，限制散播仇恨言論。鑒於這段慘痛歷史，我們更應明白，尊重他人權利是現代文明社會的基石。可惜的是，香港的大學管理層在面對危機時，未有阻止仇恨情緒蔓延，作為社會領袖實在失職。

經歷反修例抗爭期間在大學校園發生的重要變故，未來大學若要向政府申請撥款進行研究，或向商界籌款，會困難重重。大學校長沒有捍衛原則、管治失當，最終只會損害大學的長遠發展。

二〇一九年十一月二十二日《明報》

大學校長能保護全體學生嗎？

奉行民主制度的西方國家，會確保少數人的聲音及權利得到平衡及保障。以歐洲為例，議會選舉大多採用比例代表制，因此非主流種族、宗教及政見的代表，亦可以躋身議會，平衡多數人的聲音，保障弱勢的權益。美國的選舉雖然採用多數制，但總統選舉仍以選舉人票制度，避免人口多的州份直接影響選舉結果，因此近年出現多於一次有候選人取得較多票數卻未能贏得總統選舉的情況。這些考量是要防止多數人的暴政（Tyranny of the Majority）。約翰·史都華·彌爾（John Stuart Mill）指出，當多數人只顧自己利益而壓迫少數，這種情況與獨裁無異，反映民主制度實質上充滿矛盾。

現代社會中法律體制及代議政制的建立，是希望平衡不同人的權利，若以為人多勢眾便代表正義，絕對是與民主精神相違背。香港這幾個月來，持相反意見者互相「私了」，有暴徒向不同意見者淋潑易燃液體後點火。這些情緒及行為更蔓延至大學校園，有傳內地生在大學內遭欺淩，有科大內地生遭「私了」。在中大二號橋一役，內地生無法安全離開校園，最後需由水警協助撤走。種種跡象反映，暴徒的行為已經是反民主，甚至是獨裁，更掉進湯瑪斯·霍布斯（Thomas Hobbes）《利維坦》（*Leviathan*）一書中，當失去社會秩序，人性顯露最醜惡一面的陷阱。

從中大和理大遭佔據及與警察展開「連場激戰」看來，大學由文明標誌演變成暴力象徵，非常可悲。大學校長本有責任實踐民主精神，以身作則，在危機中堅定守護文明社會的底線，保護全體學生，包括內地生、海外生、少數族裔學生等。可是從上述事件來看，校長處理失當，任由極端主義在校園蔓延，顧此失彼，無法保護屬於少數的學生，相信會讓全球學者及人才對香港的大學卻步。現時香港的大學大部份優才和研究生均來自內地，若缺乏優秀學生，大學排名神話也會隨之破滅。

二〇一九年十一月二十五日《明報》

關注老師發表仇恨言論

二〇一九年十二月六日，我主持了本年度立法會教育事務委員會（教委會）的第二次會議。由於是次會議討論事項繁多，由政府提出的兩項議程，包括（一）在未來五年撥款五億七千萬元給指定研究院修課課程獎學金計劃，及（二）撥款二億八千萬元給香港中國婦女會中學協助部份重建及改建工程，均未能討論。我已與政府商討擬訂於下次會議上討論。

是次會議討論並通過了由葛珮帆議員和張國鈞議員提出的無約束力議案，要求教育局關注教師紀律，「追究違法違紀的老師，包括發表仇恨言論、煽動或慫恿學生參與非法集會或暴力事件」，並「呼籲學生不要在網上發表仇恨言論」。討論過程中，不少泛民議員反對此議案，認為抹黑教師，擔心目的是就反修例風波的一系列騷動對教師「政治審查」。

其實只要仔細解讀議案字詞和內容便可發現，議案旨在呼籲師生不要再參與非法行為，如於十二月九日在上水因涉嫌「非法集結」和「藏有攻擊性武器」而被拘捕的師生，或發表仇恨言論的煽動行為，藉此為緊張的社會氣氛降溫。局方在審理有關個案時需循機作出相應裁決，首先發出勸誡信，然後警告、譴責教師，暫停教師註冊或按照《教育規例》取消註冊。香港是遵守法治的地方，所有裁決均需有堅實的理據支持。局方縱使有權撤銷教師註冊也不可能濫用，更不可能利用機制「政治審查」。若有關人士不滿局方判決，可依照法例上訴。

除此以外，教委會也通過就大學管治、保安以及近期受到嚴重破壞的大學校園的善後工作舉行特別會議的議案。有泛民議員以涉嫌干預大學內政為由反對。事實上，教委會一直關注專上教育。本年度有不少相關待議事項，包括葉建源副主席建議討論、大學教育資助委員會資助院校教學人員的聘任、延任、終止僱用及退休事宜的議程。

二〇一九年十二月十三日《明報》

大學受破壞　政府「埋單」？

政府提出修訂《逃犯條例》至今，香港已遭受半年的騷亂。多間大學，包括香港中文大學、香港理工大學及香港城市大學受到嚴重破壞。立法會教育事務委員會甚為關注，希望得知破壞的程度到底有多嚴重，因此於二〇一九年十二月六日的會議上，通過召開特別會議，討論大學管治、保安以及校園的善後工作。

與此同時，我留意到有大學管治團隊主張大學因政府管治問題成為代罪羔羊，認為政府有責任承擔維修開支。我認為此番言論頗為誤導。

據報，大學被佔據，有人破壞校園、偷竊大學實驗室化學物品製作攻擊性武器，以致大學淪為兵工廠。而警方從大學裏拘捕的人卻大部份並非該大學的學生。

大學管治團隊未能確保校園安全，如今卻未察失職，竟要求納稅人掏腰包支付維修開支，為大學解決問題。此等言論極不負責任，令人十分失望。

事實上，反修例風波引發的連串抗爭牽連甚廣，很多組織和商舖也沒倖免。受影響的機構均有責任因應事態發展，加強自身保安。例如賽馬會、機管局早已調配資源加強保安。也有部份大學做好防禦及保安工作，包括在校園出入口檢查出入人士的證件，以確保校園安全。

若根據上述大學管治團隊的言論，政府應為大學「埋單」，那豈非所有受影響人士、機構都可向政府索償？須知即使某些受益人向保險公司索償，有時也需為其助成過失（Contributory Negligence）負責。

歸根究柢，該追究的應是違法的涉事人，讓他們受到法律制裁。例如有兩名學生就破壞輕鐵站一案，被判每人賠償十四萬元港幣。總括而言，政府「埋單」是不可行及不合理的。

二〇一九年十二月十六日《明報》

問責制「改壞名」無助建立政治人才庫

自從時任行政長官董建華於二〇〇〇年《施政報告》中提出要研究和引入一套新的主要官員問責制度（Principal Officials Accountability System），到二〇〇二年正式實施，問責制至今已實行了十七年，是時候審視成效。

首先，問責制其實是一套政治委任制度，由行政長官委任司局長、副局長及政治助理。稱之為問責制，有點「改壞名」，讓人把注意力集中在官員問責上，遇上甚麼風波便要官員問責下台，動輒得咎。二〇〇三年，我和梁錦松（時任財政司司長）在同一個晚上問責，其後楊永強（時任衞生福利及食物局局長）也因為「沙士」而於二〇〇四年辭職。到反修例風暴，反修例人士也把目標對準行政長官、律政司司長及保安局局長，要求他們下台。

董建華的初衷

回顧當年董建華推行問責制的初衷，主要是因為他在其首屆任期中，有感難以駕馭由政務司司長陳方安生統領的公務員團隊，他必須找尋和他同心同德的班子來協助施政，這想法無可厚非。二〇〇二年四月十七日的政府新聞稿便列明，問責制是要讓「特區政府的領導層理念一致，方向明確；民情在心，民意在握……政策更加全面協調，為市民和社會提供更優質的公共服務」。

這些年來，我認為問責制在吸納專才方面，是有發揮效用的，例如醫務專才周一嶽、高永文、梁卓偉及陳肇始，科技專才楊偉雄，在教育界經驗豐富的蔡若蓮等，都是政務官團隊裏沒有的專業人才。

擴大問責制遭非議

到曾蔭權年代，因為政治環境愈來愈複雜，局長的工作愈來愈繁重，單是出席立法會各種會議也佔據不少時間。曾蔭權於是在二〇〇七年發表《進一步發展政治委任制度報告書》，建議擴大問責制，設立副局長及局長政治助理，協助局長處理政治事務，包括立法會事務、做好政治聯繫等等；並於二〇〇八年正式推行。

記得當時，因為社會認為副局長及政助薪酬過高，引起了很大爭議。副局長的薪酬相當於局長的百分之六十五至七十五，即二十多萬元！政助的薪酬相當於局長的百分之二十五至三十五，也有約十萬元！是初入職政務官的兩倍！再加上政府對副局長及政助的履歷沒有硬性要求，部份獲委任人士的資歷背景與其政策局範疇「大纜扯唔埋」，人工卻三級跳，不惹非議才怪！

例如首位環境局副局長潘潔本身是在大學裏從事公共行政的研究工作，也有傳媒經驗，但是卻沒有環保背景。首位食衞局政助陳智遠是中大政治系講師，並沒有醫務工作經驗。此外，還有多位副局長及政助本身是區議員，沒有出色的專業背景，轉跑道後表現平平，反映政府在招攬人才方面，不算成功，給人拉雜成軍之感。社會因為反對修訂《逃犯條例》發生多次大型衝擊，一群前副局長及前政助作出與政府立場不一致的公開聯署，反映他們對政府的管治理念理解不深。

只壯大人數　沒壯大人才庫

擴大問責制後，政府的問責團隊在人數上是壯大了不少，但是政府的管治水平卻不見得有多大提升，遑論達致「提供參政途徑」、「培育政治人才」、「建立政治人才庫」等長遠目標。

相反，幾屆下來，問責制「人來人往」，除了陸恭蕙、邱誠武、吳璟儁幾位本身略具知名度，更多副局長及政助是「輕輕的我走了，正如我輕輕的來」，做一屆便離職，別說功績，市民連他們的名字及樣子也記不起。他們離開政府後，鮮有從事政黨或其他政治工作，政府口口聲聲說的「旋轉門」其實不存在。

例如政制及內地事務局副局長陳岳鵬轉職馬會，食衛局政助陳智遠轉型為古蹟文化導遊。兩屆勞福局政助莫宜端以照顧家庭為由呈辭，後來出任教育機構助理總監。環境局政助蔡少綿現職迪士尼，創科局政助梁淑寶返回舊公司任職等等。政府想通過問責制建立政治人才庫，可謂完全失敗。

工種錯配

政治助理的其中一項主要工作，是協助局長做好政治聯繫，包括與政黨及立法會議員聯絡、游說及拉票。特首辦特別助理李惠、財政司司長政助何翠萍、保安局政助劉富生、環境局政助區詠芷、政制及內地事務局政助吳璟儁便頗稱職。

而在眾多政策局當中，財經事務及庫務局的政助工作最「與眾不同」，該局政助的存在感不高，第二任的趙立之，沒甚麼接觸就離任了。楊寶蓮最初也沒來聯絡拉票，我多次向局長反映，後來才有改善。據了解，原來基於財經局涉獵的範疇相當專門及複雜，例如稅務條例、公司條例等等，局內認為並非政助能夠處理，政助轉而主力資料搜集、撰稿等等，楊寶蓮便經常和我分享其搜集的文章。因此，我認為政府應檢視該局是否需要政助一職，及將該職位正名為研究助理。

如何走下去

綜合上述種種，問責制仍未發揮最大效益，行政長官未能招攬真正擁有共同治港理念、有共同抱負的政治人才。因為修訂《逃犯條例》而引發的政治風暴更證明問責制無法讓政府「民情在心，民意在握」。如今政治環境一天比一天嚴峻，問責制要如何走下去，做到真正提升管治團隊的質素，值得思量。

二〇一九年七月十五日《經濟通》

是時候改革問責制

主要官員問責制度（Principal Officials Accountability System）於二〇〇二年實施，已經十七年；在這場反修例風暴中，問責制似乎沒發揮作用，看來是時候檢討、改革了。

問題一：薪酬過高

想當年，時任特首董建華因無法駕馭由政務司司長陳方安生為首的公務員團隊，於是在二〇〇〇年《施政報告》中推出問責制，企圖組建自己的班子理順施政，初衷無可厚非。

二〇〇二年四月十七日的政府新聞稿列明，問責制是要讓「特區政府的領導層理念一致，方向明確；民情在心，民意在握……政策更加全面協調，為市民和社會提供更優質的公共服務」。

問責制其實是一套政治委任制度，在西方國家實行已久。美國便是實行政治任命制度（Political Appointment System），部長由白宮委任，不需要有選舉經驗。英國則實行議會制，部長都是議員，若失利於選舉便無法成為內閣成員或官員了。

不同地方的制度各有利弊，香港的問責制則明顯是問題多多，弊多於利。

反修例風暴　問責制未發揮作用

曾蔭權於二〇〇七年擴大問責制，設立副局長及局長政治助理後至今，各種問題陸續浮現，早期最為人詬病的是政助薪酬過高，與經驗及專業不相稱，引起了很大爭議。政助的薪酬相當於局長的百分之二十五至三十五，即大約十萬元，是初入職政務官的兩倍，也可能是該政助原本薪酬的兩三倍！我建議政府把政助的薪酬一分為二，政策局可聘請兩位政助，讓他們在局裏多多學習，勝過一步登天。

問題二：無法駕馭政務官系統

發展下來，問責制的問題又豈止薪酬過高那麼簡單。

若說當初董建華因為是「外人」而難以駕馭公務員團隊，其實問責局長、副局及政助同樣面對這問題，他們即使是專才、學者，始終不是「科班」出身，沒有政府經驗，不熟悉政府運作，同樣無法駕馭政務官系統，無法令常秘信服。於是，副局長可能只是負責個別項目，但在全局管理、部門協調、理順人事等等方面，起不了甚麼作用。例如運房局副局長蘇偉文教授給人的印象便是主打過渡性房屋計劃了。

問題三：政助升副局升遷過急

有政助做了一兩屆便「升呢」做副局，副局則更上一層樓「坐正」做局長。然而，這條直升機之路，真的適合嗎？

政助的主要工作是協助局長做好政治聯繫，包括與政黨及立法會議員聯絡、游說及拉票。這些都是手板眼見的基本助理工作，與副局或局長所需視野、工作性質及能力要求相去甚遠，我不認為政助升級當副局是合理的安排。

有離職副局曾表示，對比局內常秘，深明自己十分不足。對於過五關斬六將才能加入政府、花掉半生累積經驗憑表現逐步晉升的政務官而言，這些「外人」儼如走捷徑做第二把手，是對政務官系統的侮辱。

問題四：缺共同管治理念

董建華的初衷是組織和他同心同德的管治班子，提升管治效能。當年他也引入了梁錦松、楊永強、廖秀冬等專才，可是他們做了一屆便離開政府回歸專業了。

歷屆下來，問責制給人拉雜成軍之感，問責官員的名單是長了，但很多人只是做了一屆便離任、轉行，來去匆匆，反映「卡片靚、轉行易」，卻沒有政治承擔及忠誠。他們和政府之間沒有深厚感情，沒有共同管治理念，更做不到「民情在心，民意在握」。他們離開政府後，鮮有從事政黨或其他政治工作，政府口口聲聲說的「培育政治人才」、「建立政治人才庫」等目標，基本上是達不到。

倡官員宣誓　擁護《基本法》效忠香港

好像早前便有一群前副局長及前政助就反修例風波觸發的衝擊事件，作出與政府立場不一致的公開聯署，反映他們對政府的管治理念缺乏深入認識。

雖然目前社會局勢嚴峻，暴力日日升級，政府又處於弱勢，難以成就大事；但不等於我們甚麼也不做。我建議來屆開始，所有問責官員，包括局長、副局及政助，必須宣誓擁護《基本法》及效忠香港特別行政區，建立真正具共同理念、方向明確、為市民謀福祉的團隊，真正提升管治質素。

二〇一九年十一月六日《經濟日報》

《施政報告》房策走歪

二〇一九年度的《施政報告》，雖然特區政府沒做期望管理，但是社會大眾都明白，在目前那麼嚴峻的局勢下，《施政報告》是不會有甚麼鴻圖大計或突破性措施的了。果然，《施政報告》只集中四個範疇——房屋、土地供應、改善民生及經濟發展。而且當中很多政策措施都是舊瓶新酒，只是在原有政策基礎上「加多啲」而已。

土地供應只排第二

四大範疇中，以房屋先行，土地供應只排第二。

這大抵是因為行政長官明白，所有增加土地供應的建議都需時經年，無論是運用《收回土地條例》收回三類私人土地、「土地共享先導計劃」，抑或「明日大嶼願景」等等，都是遠水不能救近火。

舉例說，運用《收回土地條例》收回四百五十公頃私人擁有的新界棕地，這建議討論多年，特區政府一直拖着辦，發展局說要做棕地顧問研究報告也說了兩三年，報告至今蹤影全無。為甚麼呢？因為棕地上有各種各樣經濟使用者，包括倉儲、停車場或貨櫃停泊等等，回收棕地，那要怎樣安置或賠償他們？是不是為了建屋就犧牲他們，任由他們倒閉或失業？相信協商過程將會漫長而複雜。

又例如建議發展茶果嶺村、牛池灣村和竹園聯合村這三條寮屋村，隨即有茶果嶺村老村民向傳媒表示懷疑，說「你咪收囉！港英政府都做唔到，個個特首都做唔到，我就唔信林鄭月娥做到啦！」（《香港01》二〇一九年十月十七日）。的而且確，以特區政府目前的政治能量，相信難以順利推動如此龐大的收地拆村計劃。

不認同房屋是商品

房屋是四大範疇之首，重中之重。既然不能在一時三刻增加土地供應，便惟有「抄近路」，拿公屋居屋變陣，例如加快出售「租者置其屋計劃」三十九個屋邨四萬二千個未出售單位，還有「綠置居」、「白居二」等等，至少數字上是增加了房屋供應。

不過，我對於行政長官說「上任後便馬上為房屋政策定位，清楚表示房屋並不是簡單的商品，適切的居所是市民對政府應有的期望，是社會和諧穩定的基礎」（《施政報告》段十）這觀念，並不苟同。

我認為行政長官的房屋政策思維混亂，一方面指「房屋並不是簡單的商品」，即仍然視房屋為商品；另一方面以為「適切的居所」等於置業，以為市民「買到樓」就會心安，社會就會穩定，於是落力鼓勵市民買樓、「上車」，我認為這主導思想的概念值得商榷，引致房策走歪——「租者置其屋計劃」、「綠置居」、「白居二」等計劃，其實均是人為扭曲的方法，以政府補貼的方式幫助市民買樓。

房策走歪

我明白，「市民置業便安心，市民安心社會便穩定」這說法有一定理論基礎，有香港著名經濟學者素來主張政府賣公屋，以增加香港居者有其屋（Home Ownership）的比例，認為愈多人有物業，便等於愈多人擁有財富，愈多人對社會有歸屬感，社會便愈穩定。也有智庫大力支持這理論，主張分配房屋等於分配財富，磚頭等於財富，令市民認為「買樓就是王道」。

然而，國家主席習近平在「十九大」致辭時說過，「堅持房子是用來住的、不是用來炒的定位」。中央政策並不鼓勵將過多資源投入房產發展，認為房產是泡沫，而真正創造財富、創造新的價值的，是要靠科技創新。特區政府持續灌輸置業心態，其實是沒有好好掌握中央政府的思維。

再說，「租者置其屋計劃」衍生不少社會問題。

一是引致不公平。公屋租戶租金便宜，本身等於長期由政府補貼，現在更能以市價二折購買單位，等於又多一重優惠，等於形成新的特權階級，對於「甚麼優惠也沒有」的中產而言，可說十分不公平。第二，公屋租戶「升呢」做業主後要承擔更多責任，例如公共設施、修補斜坡、私家路的維修保養等等，動輒要付出巨額金錢，未必是公屋居民能負擔的。

而最重要的是，即使有更多公屋租戶願意「置其屋」，對於縮短公屋輪候冊上的輪候時間沒有幫忙，仍是未能讓更多有迫切住屋需要的基層市民更快地「上到樓」。

放寬按揭助長泡沫

至於放寬按揭的做法，更有推高樓價、助長泡沫之嫌。一方面，《施政報告》經濟發展的部份指出「本港經濟在第三季應已步入技術性衰退，政府在八月中已將全年經濟增長預測下調至百分之〇至一」（《施政報告》段四十三），又說經濟下行「勞工市場將面對更大裁員壓力」（《施政報告》段四十四），同時卻放寬按揭，千方百計鼓勵市民買樓，實在是非常危險的做法。某程度也反映整份《施政報告》的思維並不連貫。

已有評論指放寬按揭至八成（樓價上限一千萬）、九成（樓價上限八百萬）的做法，等於可以借多過銀行的壓力測試，市民即使因此而付得起首期，日後也未必供得起，經濟衰退，便將造就一批負資產。

還有，有能力買八百萬一千萬單位的人士，基本上就不是最有迫切住屋需要的人。政府應否把目光投向真正需要適切居所的基層市民？

適切居所是基本人權

根據聯合國人權委員會（Office of the United Nations High Commissioner for Human Rights）所指，適切居所是基本需要，是基本人權（The Right to Adequate Housing）。而政府的首要責任是確保人民有適切居所，而不是要人民置業，更不是把房屋視為商品或置富工具。

在這大原則之下，特區政府首要幫助的，應是基層市民，例如水深火熱的劏房戶或無家可歸者，他們才最急切需要政府援助，盡快「上樓」，改善居住環境。

我希望行政長官及特區政府能弄清楚房屋政策的真正目標，改變一味鼓勵置業的思維，推出更多長遠而有效的政策，增加公屋供應，讓更多基層市民獲得適切居所。

二〇一九年十月二十一日《經濟通》

租管是房屋問題的對策嗎？

工聯會向政府建議，向輪候公屋超過三年的家庭提供租金津貼，其實關愛基金亦曾推行「為租住私人樓宇的綜援住戶提供津貼」的援助項目。唯一問題是每當政府向某界別提供經濟誘因時，往往產生一些沒有預見的效果，例如政府在二〇〇六年發表的《施政報告》中提出推行「學前教育學券計劃」，為所有三至六歲適齡學童提供優質而收費合理的學前教育。由於有大量資金流入，導致幼教學費增加，有學券幼稚園甚至將學費提高近三成，最後反而加重了家長的負擔。另外，政府早前檢視醫療券的成效，發現大量資源流入視光師，食衞局統計數字指出，視光師去年申報的醫療券總金額達七億六千萬元，有長者甚至花四千元買名牌眼鏡。由此可見，若政府向輪候公屋的市民提供資助，隨時會推高租金，變相將納稅人的金錢拱手送給業主。

租管在香港並不是新鮮事

現時在港島區位於銅鑼灣、灣仔及北角等劏房面積約過百呎，每月租金約八九千元，呎租高達八十至九十元，比九龍豪宅「凱旋門」一個七十三元呎租、約千五呎的單位還要高。面對租金高企的情況，我認為若政府向輪候公屋的市民提供資助，需密切留意通脹和訂立租金管制。事實上租管在香港並不是新鮮事，早在一九二一年港府已實施租管，於一九四七年更制訂《業主與租客條例》，保障住在戰前住宅樓宇的租客免被逼遷和加租，在一九六三年制訂《加租（住宅樓宇）管制條例》，直到一九九八年才將租管撤銷。

有人認為租管違反香港自由市場的原則，會令發展商卻步，影響房屋供應。不過我認為即使租管會減少發展商和業主的利潤，房地產在香港仍是最賺錢的行業，故此不會造成房屋供應短缺的問題。此外，租管通常設有日落條款，只是用來解決當前房屋短缺的燃眉之急，當供求平衡時就會取消。

加州已實施租管

事實上，香港和美國加州面對的房屋問題相似，而加州已實施租管。

加州三藩市灣區的矽谷是不少科技大企的集中地，社交網站 facebook、蘋果公司和 Google 的總部都設在那裏，由於這些大型企業的員工眾多，以往被形容為「矽谷睡房」（Bedroom of the Silicon Valley）的山景城（Mountain View）、門洛帕克（Menlo Park）、帕羅奧圖（Palo Alto）等矽谷小城市早已飽和，加上租金極高，不少員工被迫搬到三藩市居住，推高市內租金，出現房屋問題。「加州房地產經紀人協會」（California Association of Realtors）的數據指出，加州二〇一八年的房價中位數為五十七萬美元，是美國全國中位數的雙倍，而在三藩市灣區的房價中位數則達一百萬美元。

根據《華爾街日報》（*The Wall Street Journal*）的報道，雖然三藩市吸引不少初創科技企業，創造不少就業機會，不過由於租金太貴，不少專才拒絕到加州工作，企業在招聘方面出現困難。一名在三藩市土生土長、在初創企業 Lottery.com 工作的員工表示，對公司將遷往德州柯士甸（Austin）感到興奮，因為她終於有機會置業。現時她在柯士甸和家人租住一間四房獨立屋，租金大約每月二千美元，是三藩市的三分之一。由此可見，房屋問題不單影響市民的生活質素，長遠還會令專才卻步，人才流出，影響競爭力。《紐約時報》（*The New York Times*）指出，加州租管限制業主在計算通脹後，只能將年度租金加幅維持在百分之五以內，此外，法案亦加設限制，保障租戶免被無理驅逐。面對無家者數字上升及持續高企的租金，加州州長加文．紐森（Gavin Newsom）在年初上任時已承諾會優先處理日益惡化的房屋問題，法案估計將影響州內八百萬租客。現時美國實施全州租管的州份只有俄勒岡州（Oregon）和加州。

加州租管設日落條款

報道指有學者認為租管會令業主卻步，不再將物業出租。雖然短時間內能保障租戶免被過度加租或被迫搬遷，不過長遠將影響房屋供應，無助解決房屋問題。加州大學特納房屋創新中心（Terner Center for Housing Innovation）的研究主管 Elizabeth Kneebone 則指出，加州的租管既能保障弱勢租客的利益，又不會影響房屋供應，因為加州租管設有日落條款，限期為十年，而所有樓齡低於十五年的房屋都受豁免。此外，租管亦有助遏止對沖基金收購舊區物業，將基層租戶迫走，再將物業租給富戶。

香港的情況與加州相似，實施租管值得香港借鑒。香港現時房屋供應嚴重短缺，令不少輪候公屋的基層市民被迫租住劏房，香港的租金本身已貴絕全球，劏房的呎租更比不少豪宅還要貴。所以我認為政府應該對劏房實施租管，不過由於香港是自由市場，因此租管必須設有日落條款，直到供求取得平衡，平均公屋輪候時間縮短至三年方才撤回。

二〇一九年九月二十六日、二十九日及十月二日《明報》

提倡本地消費券　直接刺激經濟

忙碌一整天後，我下班時應中環國金中心時裝店相熟店員的邀請，到他工作的店舖睇新貨。他告知春夏季新貨甫抵港便做半價優惠，可見疫情下零售業所受影響是何等嚴重。

到達國金中心商場時，發覺人流的確比以往稀少，部份樓層的商店更是「拍烏蠅」。相熟店員告知隔鄰名店亦正在減價，但銷情依然慘淡。他即將放五天有薪假期，但坦言自己已算幸運，不用放無薪假。雖然我並不急需添置來季新裝，但人情難卻，我慰問他之餘也購買了一件貨品，以示支持。

我留意到澳門因應疫情推出一系列為民紓困及支援企業的措施。除了仿效香港向每名永久居民發放醫療券外，最值得討論及留意的，是公佈「疫情緩和後，特區政府將向澳門居民每人發放面值為三千元的電子消費券。消費券必須在本澳的餐飲、零售、生活百貨等行業消費扣賬；並以三個月為期限。透過消費券推動本地消費，提振內需」。

新民黨早已多次向財政司司長建議發放本地消費券，可由金管局統一發行實體消費券（可效法中電發放餐飲消費券的模式），向全港十八歲或以上香港居民派發一萬元本地消費券，須在六個月或一年限期內使用；我們建議將消費券分為飲食、零售及旅遊三部份，金額可分別釐訂於四千元、四千元及二千元。

除了實體形式外，新民黨亦建議用電子形式發放消費券。政府首先開設一個電子系統，讓商戶先行登記，並於銀行開設戶口，消費後由戶口扣除金額。雖然設計及落實系統需要時間，但我們認為此舉可行。

假如特區政府願意創新，可考慮發放部份現金或實體消費券，部份電子消費券。正當財政司司長對新民黨的建議表示不抗拒，但要考慮操作上的問題（Operational Problems）時，澳門已決定向當地居民發放電子消費券。雖然澳門人口比香港少，但為何澳門做得到，香港卻不能？

根據傳媒報道，民建聯及工聯會向政府建議，向全港十八歲或以上永久居民派發一萬元現金。我相信政府已向相關政黨「通水」，傾向只派發現金，這無疑是放棄了直接刺激經濟及創新的機會。雖然直接派發現金有助市民紓困，但政府為何不直接注資最受影響的行業，達致「保就業，撐企業」的效果？

二〇二〇年二月十四日 facebook

派錢紓困振經濟　更須留意兩大警號

財政司司長陳茂波在新冠肺炎疫情陰霾下宣讀財政預算案，以「撐企業、保就業、振經濟、紓民困」做主題，呼籲社會共度時艱。在公佈前，傳媒焦點則集中在派不派錢、派多少錢。

政府財政資源　助抵銷經濟萎縮

預算案開宗明義派了千二億（第六段），是一份「逆周期」下的「防禦性預算案」（Defensive Budget），即是在香港經濟萎縮下，以大灑金錢來抵銷萎縮。

從最基本的宏觀經濟（Macroeconomics）理論三個支撐經濟增長的元素——G（Government）、I（Investment）及C（Consumption）——來看，目前香港在「I」投資及「C」消費兩方面均持續萎縮。正如預算案所指，投資開支二〇一九年全年實質下跌百分之十二點三，私人消費開支二〇一九年全年實質下跌百分之一點一（第八段），而香港整體經濟二〇一九年全年收縮百分之一點二（第九段）；預測二〇二〇年經濟實質增長介乎百分之負一點五至百分之零點五（第十八段）；所以「G」政府在短期內能做的，就是以更大規模的政府財政資源，來抵銷經濟萎縮，這便是財政司司長所指的逆周期財政措施。

我認為若以此為目標的話，預算案是成功的，各種措施包括全民派一萬元、撥款資助各行各業、大手筆注資各類「計劃」及「基金」等等，均是朝這個目標進發。

然而，要真正為這份預算案解碼，我認為要留意結尾「公共財政」的部份（第一六八段至一八二段），財政司司長語重心長，為香港發出兩大預警。

第一個警號　未來五年均財赤

預算案指明年的財赤預算為一千三百九十一億元，相等於本地生產總值百分之四點八（第一七一段），而且這個赤字金額是歷來最高的（第一七二段）；而直至二〇二四年至二〇二五年度的中期預測，這五年期間的公共開支約佔本地生產總值百分之二十三點二

（第一五九段），情況絕不理想。

財政司司長在第一七六段指出，赤字主要成因是政府收入未能追上開支的急劇增加，當中尤以經常開支為甚。回歸以來，經常開支已由一千五百億元，飇升至二〇一九年至二〇二〇年度的四千四百億元。的而且確，政府近年在社福、教育、醫療、公務員等各範疇的經常開支均不斷擴張，有增無減，簡單舉幾個例子：

社福經常開支由二〇一七年至二〇一八年度的六百五十三億元增加至二〇一九年至二〇二〇年度的八百二十三億元，增幅達百分之二十六（第一四七段）。

醫療方面，特區政府於二〇二〇年至二〇二一年度向醫管局提供的經常撥款合共七百五十億元，相對二〇一七年至二〇一八年度的五百五十六億元撥款，增加了百分之三十五（第四十六段）。

而教育、社福和衞生共佔本年度經常開支預算中的六成，即超過二千八百億元。最近五年，這三個範疇的經常開支累積增幅已達百分之五十（第一六〇段），這是非常厲害的增幅，對政府構成沉重的財政負擔。

至於公務員編制已於本財政年度增加三千四百八十一個職位，增幅百分之一點八（第一五六段）；將再於二〇二〇年至二〇二一年度增至十九萬七千八百四十五個職位，較上年度增加六千〇八十二個職位，增幅達百分之三點二（第一六一段）。

財政司司長更在第一五七段清楚指出，二〇一九年《施政報告》中宣佈的主要政策措施，共涉及經營開支四百八十七億元、非經營開支二百四十八億元。

我認為財政司司長是在曲線警告，這樣急速的增長是不能持久的（第一七六段），而且會消耗財政儲備。以二〇二〇年至二〇二一年度為例，儲備已由年初相等於二十二個月的政府開支，一年間降至十六個月。如果持續出現財赤，儲備終會有耗盡的一天（第一七四段）。

政府施政不能為了爭取民望而不斷增加經常開支，令政府陷入結構性財赤的困局。這是違反《基本法》第一〇七條「香港特別行政區的財政預算以量入為出為原則，力求收支平衡，避免赤字，並與本地生產總值的增長率相適應」的大原則。

第二個警號　港或失稅務優勢

財政司司長指出，國際稅務的新發展將影響香港的稅務競爭力。「經濟合作與發展組織」（Organization for Economic Cooperation and Development, OECD）正積極研究訂立全球最低稅率規則（第一七九段、一八〇段）。

我認為這是重要的警號，因為OECD作為全球三十多個國家政府間的國際智庫，稱得上是西方國家的大腦，OECD的研究、分析及建議，可以成為世界貿易組織（WTO）、世界銀行（WB）、國際貨幣基金組織（IMF）等等國際金融組織的政策。OECD訂立全球最低稅率規則，若跨國企業在香港繳納的稅款低於新訂的全球最低稅率的水平，其母公司便須向所在地繳納額外稅款或被施以稅務抵制措施（第一八〇段）。屆時，香港低稅制這傳統優勢將大大受挫。

不忘居安思危　尋經濟新亮點

總結而言，我認為財政司司長透過這份財政預算案的逆周期措施，告誡政府需居安思危，施政時需謹慎考慮，不能年復年地大幅度增加經常開支，讓香港邁向結構性財赤。

事實上，目前香港的整體環境十分嚴峻，肺炎疫情外，還有各種深層次矛盾有待解決，政府不能單靠撥款、注資、成立基金來解決社會問題。可是，預算案欠缺宏觀經濟管理的大視野，沒有經濟新亮點，沒有提振經濟的新措施，遑論為香港的長遠經濟發展謀新出路。

究竟香港怎樣克服逆境，維持傳統優勢（自由港零關税、簡單低税制、良好法治及人才滙聚），跨向未來，值得我們深思。

二〇二〇年三月二日《經濟日報》

第三章

中國不是美國問題的源頭

「一帶一路」國際高峰論壇

第二屆「一帶一路」國際合作高峰論壇於二〇一九年四月二十五日至二十七日在北京圓滿舉行，共有來自一百五十多個國家及九十多個國際組織近五千位外賓參加，當中包括三十七名國家元首、政府首腦、聯合國秘書長古特雷斯、國際貨幣基金組織總裁拉加德等出席。根據中國政府官方網站「中國一帶一路網」的數字顯示，截至二〇一九年四月三十日，中國已經與一百三十一個國家和三十個國際組織簽署了一百八十七份共建「一帶一路」合作文件，當中包括新加入的歐盟成員國意大利和盧森堡。

這次論壇加入了不少新元素，包括增加「分論壇」（Parallel Sessions），令與會者有更多小組交流互動的機會，分論壇的主題涵蓋政策溝通、設施聯通、資金融通、民心相通、廉潔絲綢之路以及我有份出席並發言的智庫交流等十二個議題。其中地方合作分論壇有來自四十多個國家的省州長、市長及其代表共約三百多名嘉賓出席，見證了十四項中外地方合作協議的簽署。

高峰論壇的其中一個焦點是「企業家大會」，共有八十八個國家和地區共八百五十名代表出席，並舉行了近千場「一對一」對接洽談，簽署了各式各樣不同領域的合作協議。

「一帶一路」於二〇一三年由國家主席習近平提出，規模非常龐大，市場覆蓋全球超過六成人口，佔全球貿易約百分之三十五，雖然當中遇到挫折，有項目因為政權交替等原因需要重新談判或加大投資，不過仍取得長足的發展。國家主席習近平在演講中重點提到共商、共建、共享和共贏，我認為「一帶一路」是能促進全球一體化的計劃，不過這次是由亞洲推動的全球化，與以往傳統上由西方國家主導的全球化不同。

二〇一九年五月八日《明報》

當中國遇上中東

我到北京參加第二屆「一帶一路」國際合作高峰論壇，與會者有來自世界各地的國家元首以及企業代表。眾所周知，中國多年來在非洲和歐洲等地大量投資，以構建「一帶一路」，不過近年來中國已開始在中東地區投資不同的基建項目，影響力大增。

《經濟學人》（*The Economist*）刊登了一篇題為 Middle Kingdom Meets Middle East 的文章，題目的 Middle Kingdom 就是指中國，提及中國「一帶一路」在中東的投資和合作，指對中國而言，中東地區一直只是能地，國內約一半石油來自中東。

二〇〇八年，中東佔中國國外直接投資（Foreign Direct Investment）少於百分之一。十年過後，中國的資金在中東和北非等阿拉伯國家已遍地開花，在各式各樣的基建例如港口、摩天大廈等都有華資的足迹。例如迪拜已建有中國大陸以外最大的亞洲商城——龍城（Dragon Mart），根據《外交政策》（*Foreign Policy*）的報道，那裏有超過四千間商店，每天約有六萬五千人次前往購物，主打中國貨，龐大的中國購物城不單見證中國與中東日漸緊密的關係，亦反映了當地華人的影響力。商城現時分為一期和二期，分別佔地約一百六十萬和一百三十萬平方米，合共二百九十萬平方米，面積約等於十五個維多利亞公園，預計在二〇二一年成為智慧城鎮，成為名副其實的「商城」。

中東以出口石油致富，一九七〇年代的學者已提出油元（Petrodollar）這名詞，意指中東產油國藉出售石油而賺取大量美元，造就中東低稅率高福利的神話。那麼為何富有的中東仍需要中國的投資呢？原因是中東過去只集中出售石油以賺取外匯，未有擴闊經濟架構，加上石油價格下跌令國家收入減少，所以不得不吸引外國投資，以發展其他產業，長遠避免國家經濟過度依賴石油。

中國為推動「一帶一路」，在南歐大量投資興建海陸聯運的港口，促進歐亞貨物流通。中國在中東地區亦開展了類似計劃，旨在將中東變成歐亞間的物流樞紐。

中東的地理位置極具戰略性，處於歐亞間，是建設「一帶一路」的重要組成部份。阿曼政府在首都五百公里外的杜格姆（Duqm）興建了一個大型港口。根據《衛報》（*The*

Guardian）報道，杜格姆原是從未開發的小漁村，自從港口落成，現在已變成五星級酒店林立、商機處處的經濟特區。

杜格姆位於阿曼東南方，在阿拉伯半島的南邊，南下可到非洲，或沿亞丁灣海峽到紅海，再向北經蘇伊士運河（Suez Canal）到達地中海，進入歐洲。由此可見，杜格姆是處於歐亞非之間的國際貨運樞紐，是「一帶一路」的要塞，所以中國財團最近亦在那裏投資了一百億美元，建造一個一千公頃的工業園，以搶佔石油化工產品、玻璃、太陽能板和汽車電池等市場。另外，中國亦在巴基斯坦瓜達爾（Gwadar）投資港口，令貨物可經陸路從中國進入鄰國巴基斯坦，再以水路運往阿曼，最後進入非歐市場。

中國需要到中東興建工業園，除了因為國內資源不足及為了迴避關稅外，主要是因為中國人口老化問題日趨嚴重，大大減低人口紅利，令工資愈來愈高，導致國內生產成本上升，例如在中國南方城市深圳和東莞等地已愈來愈難聘請工人。所以，華資現時都把生產線遷往「一帶一路」沿線國家如越南、格魯吉亞和中東等地區。

二〇一九年五月十一日及十四日《明報》

貿易戰下的美國農民

美國總統特朗普在推特（Twitter）宣佈向二千億美元中國商品加徵關稅，從原本的百分之十提高到百分之二十五。特朗普在社交媒體聲稱中國刪去了原有協議草案的許多內容，破壞談判。副總理劉鶴其後反駁指雙方在沒有成交之前，任何變化都是非常自然，並表示中美現存三大分歧，包括是否取消全部關稅、採購數字和文本方面仍未達成共識等等。

在中美貿易糾紛加劇之際，中外傳媒在微信發現了一個叫「陶然筆記」的神秘賬戶，不但對談判進行了鉅細無遺的分析，甚至還透露了會議中的細節。例如在三月二十八日的文章中，「陶然筆記」透露雙方為了一個單詞交涉了兩個小時。據《彭博》（*Bloomberg*）報道，有香港的評論員認為「陶然筆記」是官方默許的賬戶，旨在利用非官方的形式向外界透露中國政府對中美貿易談判的看法。

在美國宣佈加徵新一輪關稅後，中方隨即宣佈不得不採取反制措施。到截稿前，中國已宣佈六月一日起對六百億美元、合共五千一百四十項美國貨加徵關稅，稅率由原來的百分之五至百分之十，提高至最多百分之二十五。貿易戰對美國的負面影響已在股票市場浮現，據《金融時報》（*Financial Times*）的報道，標準普爾五百指數在中國公佈反制措施後下跌百分之二點四，是自一月三日以來表現最差的一天，富時環球指數則下跌百分之一點九，是三月以來的最低水平，令牛市接近到頂的美國經濟雪上加霜，加速進入衰退期，所以特朗普加徵關稅變相幫倒忙。

中國對美商品實施關稅清單包括不少農作物，嚴重影響一直倚賴出口農產品到中國的農民生計。由於他們大多是特朗普的堅定支持者，所以對特朗普在美國大選爭取連任增添變數。

《彭博商業周刊》（*Bloomberg Businessweek*）發表了一篇有關中美貿易戰下美國農民生活的文章，當中講述了關稅對他們的影響。

例如在主要出產蘋果的華盛頓州，果農大多以家族式經營，農田佔地不大，有不少果園已過百年歷史。科技的發展令果農能透過基因改造，研究出產量高且口感佳的脆肉蘋果（Cosmic Crisp）。一般來説，收成後的蘋果可儲藏一年，並出口到亞洲各國。不過礙於貿易戰，中國和墨西哥已經對美國蘋果實施關税，令華盛頓州的蘋果出口下跌約三成。此外，貿易戰帶來的不明朗因素亦打亂農夫耕作的時間表，有農夫擔心農產品在收成後不能出口，所以對春天應否播種抱有懷疑。為了減少損失，有農夫選擇不收割，雖然特朗普於二〇一八年宣佈投入一百二十億美元幫助農民，但是未有收割的農民並不能申請援助，令農民大失預算，損失慘重。關税特別影響種植水果、黃豆和養豬的農民。

美國農產品產量近年愈來愈高，令農作物價格不斷下跌，特朗普嚴厲打擊來自墨西哥的黑工，令農場人手短缺，加上氣候變化導致農作物供應不穩定等因素，嚴重打擊農夫的生計，貿易戰令他們的負擔百上加斤，苦不堪言。由此可見，關税只是一套損人不利己的「七傷拳」，甚至犧牲了一眾特朗普忠實的支持者——美國農民。

二〇一九年五月十七日及二十日《明報》

中國的貿易戰核武——稀土

國家主席習近平於二〇一九年五月二十日考察位於江西贛州市的江西金力永磁科技股份有限公司，了解企業生產經營和贛州市稀土產業發展情況，同行包括中美貿易談判代表副總理劉鶴。全球注意力隨即集中於中國會否利用稀土（Rare Earth）作為貿易戰的談判籌碼。

美國地緣政治智庫 Stratfor 指出，稀土主要包含十七種元素，可用來製造智能手機、平板電腦、汽車充電池甚至是飛彈導引等產品，是發展數碼經濟不可或缺的原材料。中國的稀土蘊藏量極高，佔全球的三分之一，而習近平主席早前考察的江西贛州甚至有「稀土王國」的稱號，據了解全球每年百分之七十的中重稀土都產自這裏，是國內最大的稀土產品加工基地，是高新技術產業的重鎮。其餘擁有稀土的國家包括巴西、越南、印度等地，但產量和中國相去甚遠。

中國近年科技發展來勢洶洶，波士頓諮詢公司（Boston Consulting Group）有報告指出，百分之八十五的中國公司正積極加強應用人工智能，遠遠超越美國的百分之五十一，人工智能在不同行業的應用亦較美國廣泛。此外，中國在發展 5G 技術方面已超越美國，威脅美國「科技一哥」的地位。所以美國自貿易戰開始便集中打擊中國的科技企業，包括中興、華為和大疆等，換言之，貿易戰其實是科技戰的縮影。

中國三番四次提到貿易戰「不願打，不怕打，必要時不得不打」的原則，加上中國近年提倡「人類命運共同體」的概念，強調國與國之間應加強在不同領域合作，達致互利共贏。所以自貿易戰開始，中國的態度都是頗為忍讓，但面對美國總統特朗普在談判間出爾反爾、加強打壓，若非迫不得已中國都不想使用這張王牌打擊美國，損害全球科技發展。美國《外交政策》（*Foreign Policy*）報道指出，中國的稀土佔美國進口的稀土產品百分之八十，雖然美國有稀土礦，不過本土出產的原材料仍需要中國處理，才能轉化為可用的材料。儘管美國能以其他稀土出產國替代中國，美國公司亦會因為稀土價格上漲而蒙受損失。另外，中國作為穩定稀土供應者的聲譽將會受損。

根據Stratfor的分析，若中國停止對美國出口稀土會令更多國家捲入中美貿易戰的漩渦。例如在二〇一〇年中國曾針對日本停止出口稀土，令稀土價格推高接近五倍，不僅打擊日本的高科技產業，亦影響倚賴從日本入口稀土製成品的美國。由此可見，在全球化的大環境下，此舉不僅打擊美國，還會對全球科技發展造成一連串負面影響。

面對美國及盟友們對華為產品不安全的指控，華為不但沒有逃避，反而在比利時設網絡安全中心，讓客戶、獨立機構及各地政府測試。美國及盟友早前將華為列入貿易黑名單，在沒有證據下圍堵華為，説穿了只是他們難以接受中國在科技發展方面領先的現實，所以不得不以「莫須有」的罪名加以打壓。

美國的制裁或者會在短期內構成傷害，長遠而言卻未必能打倒華為，反而可能加速華為自主研發，屆時中國的科技發展便不再需要依賴美國。所以，我認為美國的封殺不是威脅，反而是一劑「苦口良藥」。

二〇一九年五月二十九日及六月一日《明報》

中國不是美國經濟問題的源頭

美國不斷打壓中國的高端科技發展，來自哥倫比亞大學的經濟學家Jeffrey Sachs在CNN發表評論，說明中國不是美國經濟問題的源頭，真正的始作俑者是想盡辦法賺盡一分一毫的美國大企業。

Sachs教授指出，中國並不是敵人，而是一個希望透過教育、國際貿易、科技和基建來改善人民生活的國家，目標與其他國家無異。中國過去曾經歷長時期積弱和貧窮，現在只是跟上時代的步伐，拉近與已發展國家的距離。他更表示，特朗普政府千方百計壓制中國的發展，長遠會對美國以至全世界造成災難性的影響。

《人民日報》發表題為〈美方不要低估中方反制能力〉的文章，當中以「勿謂言之不預也」作為中國最嚴重的外交警告。一九六二年對印戰爭、一九六七年珍寶島事件和一九七八年對越反擊戰前，《人民日報》的社論亦曾出現「勿謂言之不預也」。另外，商務部亦表示，中方願意與世界各國共享稀土資源，但不會接受利用中方出口的稀土製造的產品來打壓中國。言下之意，是中國警告若美方及其盟友繼續無理打壓，將採取焦土政策。

Sachs 教授又指出，中國是美國財富分配不均的代罪羔羊，中國「入世」後中美貿易變得蓬勃，長久以來互惠互利，不過面對中國較低的勞工成本和生產力提高，加上市場需求增加，使勞工成本不斷上升，美國的中西部工人受壓，導致收入變得落後。與其將貧富差距擴大歸咎於中國，美國應該向盈利激增的跨國企業加稅，以幫助藍領階級的家庭，提升工人的技能以及投資科技和基建，以增加美國的競爭力。

我認為 Sachs 教授相當了解中國歷史，對中國的崛起作出了中肯的論述，他指出一八三九年英國因不滿當時清政府禁止鴉片而對中國發動第一次鴉片戰爭，結果中國大敗，簽訂不平等的《南京條約》，割讓香港島予英國。列強入侵亦觸發太平天國起義，導致超過二千萬人死亡，隨後在第二次鴉片戰爭又被英法聯軍擊敗，簽訂《北京條約》，割讓九龍半島。在十九世紀末甚至被受惠於明治維新而崛起的日本打敗。此後，中國一直被英美等西方列強欺壓，強迫中國作一面倒不平等的貿易，喪權辱國。

Sachs 教授再指出，清政府在一九一一年被推翻後，中國隨即進入軍閥割據的時代，中國變得四分五裂，蔣介石在成功北伐後，國內政治動盪，不久又遇上日本侵華，二次世界大戰結束後中國隨即進入國共內戰。新中國在一九四九年成立後又遇上大躍進和文化大革命等群眾運動，導致大饑荒，生靈塗炭。所以，中國的發展原則上是從一九七八年鄧小平上台後，推行大刀闊斧的經濟改革後才真正開始。

中國在改革開放後，由於勞動力釋放，經濟在過去四十年經歷超乎想像的增長，人民的生活不但得到改善，甚至還富起來。雖然中國現在已成為世界第二大經濟體，不過對過去百年積弱的歷史記憶猶新，中國領導人如今再次面對西方超級大國的打壓，一定不會重蹈覆轍，向列強俯首稱臣。

二〇一九年六月四日及七日《明報》

中國崛起並不威脅美國經濟

哥倫比亞大學經濟學家 Jeffrey Sachs 在 CNN 發表評論，從歷史角度剖析中國的崛起，指出中國經過百年積弱和貧窮，加上連年戰亂，令發展嚴重落後，直到一九七八年鄧小平掌權後推行經濟改革後才開始發展。近四十年來中國經濟急速發展，人民生活大大改善，甚至富起來。

美國多次在世界貿易組織批評中國以「發展中國家」（Developing Country）自居，享受「特殊和差別待遇」（Special and Differential Treatment），總統特朗普更以「災難」（Catastrophe）來形容世界貿易組織。那麼，究竟中國是否「已發展國家」（Developed Country）？

Sachs 教授指出，雖然中國現時是世界第二大經濟體，不過仍在脱貧階段。國家主席習近平在十九大報告中表明要堅決打贏脱貧攻堅戰，而國務院總理李克強在二〇一八年十月作出批示，「確保到二〇二〇年我國現行標準下農村貧困人口實現脱貧，解決區域性整體貧困」，由此可見，中國政府極度重視扶貧工作。

根據國際貨幣基金組織的數據，中國在一九八〇年的人均國內生產總值（GDP per Capita）是美國的百分之二點五，在二〇一八年只是百分之十五點三。此外，根據劉遵義教授在著作 *The China-U.S. Trade War and Future Economic Relations* 中提到，中國在二〇一七年人均國內生產總值是九千一百三十七美元，比中等收入國家的一萬二千美元低，與美國五萬九千五百一十八美元差天共地。

Sachs 教授指出中國的發展軌迹與日本、韓國、台灣、香港和新加坡相若，從經濟學的角度來看並沒有特別之處，美國指控中國竊取科技是把實際情況過度簡單化。科技落後的國家要提升技術有很多不同的方法，包括學習、模仿、購買、合併、投資外國、用專利權以外的知識甚至抄襲。由於科技發展一日千里，在知識產權方面的訴訟亦會與日俱增，這個情況並不局限在中國，甚至常見於美國。

二〇一九年六月十日《明報》

美國整肅華裔學者

《彭博商業周刊》（*Bloomberg Businessweek*）報道美國因與中國的科技角力，在學界展開新一輪「獵巫行動」，情況猶如美國在一九五〇年代因恐共而產生的麥卡錫主義（McCarthyism）般，以「莫須有」罪名指控他人顛覆、叛國等罪，並強迫他們接受不恰當的調查和審問，清算聲稱遍佈美國的共產黨員。不過，今次行動的目標是有份參與前沿科技研究的華裔學者。前沿科技是指未有具體科學發現，尚未能申請專利權的研究。

根據報道，美國政府十分重視癌症研究，最近更撥款十億美元加快研究癌症療法的速度。美國癌症中心其中一個口號是「癌症無疆界」（Cancer Knows No Borders），所以多年來聘請了不少來自世界各地的專才參與研究，當中亦包括不少來自中國的學者。不過「癌症無疆界」似乎並不包括中國的疆界。

吳息鳳（Xifeng Wu）是一位德高望重專門研究癌症的美籍華裔流行病學者，出生於中國，在德州大學安德森癌症中心（MD Anderson）從事研究工作已二十七年，接近半生都在美國生活，並成為大學公共衛生及基因組學中心（Center for Translational and Public Health Genomics）的主管。不過她已靜靜辭去中心主管的職位，原因是她與另外三位來自休斯頓癌症中心的華裔學者被聯邦調查局調查。

自從特朗普上台後，他曾在不同場合指控中國偷取美國科技，更針對華裔學者，調查他們與中國的關係，令原本只專注科研的頂尖華裔學者無辜捲入中美貿易戰的漩渦，成為犧牲品。美國政府這種冷戰思維長遠不但令人才流失，還會阻礙研究癌症治療的進度，影響深遠。

美國大學科研中心的資金並不來自大學，而是有一大部份來自例如國防部、能源部、太空總署等聯邦政府機構，所以不得不與聯邦調查局合作，將懷疑偷取國家科技的學者交予執法部門調查。根據《彭博商業周刊》的報道，吳息鳳教授就因為被聯邦調查局懷疑偷取美國科技，被迫辭去中心主管一職，離開已工作二十七年的科研中心。安德森癌症中心背後的「金主」，就是全球最大的生物醫學公共資助機構，隸屬美國衛生及公共服務部的國立衛生研究院（National Institutes of Health），每年獲美國政府撥款二百六十億美元，當中有六十億元用作資助癌症研究。

聯邦調查局針對華裔學者採取不同方式的調查，包括取閱學者的私人郵件、在機場截查，甚至家訪盤問他們對美國的忠誠度等。經過多番調查，吳息鳳教授並沒有被控告偷取任何科技，她在辭職後轉到上海一所公共衛生學院擔任院長，丈夫及兩名兒子則留在美國。

美國針對華裔學者的打壓已令部份頂尖學者離開美國，我認為這現象對銳意發展經濟民生的香港來說，是吸納國際科研專才的好機會，若他們能到香港參與科研，將大大提高香港的競爭力。

二〇一九年七月四日及七日《明報》

中國製造業的前景

麥健時公司（Mckinsey Global Institute）有研究指出，在十七種主要工業中，有十六種的全球價值鏈（Global Value Chain）在金融危機後出現萎縮，特別是製衣業、汽車製造業和電子工業。全球價值鏈可理解為產品分佈在世界各地的生產工序，是全球化的象徵。中國現時正面對製造業成本上漲的挑戰，有企業離開中國到其他成本較低的東南亞國家設廠，特朗普更乘勢表揚是他的關稅奏效，成功打擊中國。究竟中國「世界工廠」的神話是否已步向夕陽？

《經濟學人》（*The Economist*）發表了一篇報道，指出中國製造業雖然有下行壓力，不過仍然蓬勃。原因是中國擁有完善的基建、強大且熟悉製造不同產品的工人，是發展製造業的理想地方。此外，中國日漸強大的中產階級令不少企業選擇將生產線重新定向，以滿足國內日益龐大的需求。

報道指出，製衣業包括很多勞工密集的工序，所以企業都傾向將生產線搬到勞工成本較低的國家，例如 Nike 和 Adidas 在越南生產的波鞋已比中國製造的多。現時製衣業的生產重鎮是埃塞俄比亞、Calvin Klein 和 H&M 都在那裏設廠，平均勞工成本為一個月二十六美元。不過紐約大學（NYU）商業和人權中心（Centre for Business And Human Rights）的報告則指出，當地的工資根本不能滿足工人的基本生活開支，剝削問題嚴重。雖然勞工成本低，不過當地生產力低且流失率高，對在當地設廠的製衣業來說並不理想。

相比成本較低的國家，中國擁有各種製造不同織品的機器和廠房，而且生產力高。《經濟學人》引述美國服裝品牌 Haggar Clothing 副主席 Pravin Rangachari 表示，雖然中國的勞工成本上升，不過仍是極具競爭力的生產地，集團現時並沒有遷出中國的計劃。

另一方面，汽車生產正由全球化邁向區域化（Regionalisation）。以往汽車生產工序遍佈全球，不同部件在不同國家生產，在原產地裝嵌後，再運往世界各地出售。區域化則是以地區為中心作生產，再將製成品出售到各國地區。福特汽車（Ford）執行副主席 Hau Thai Tang 表示，汽車生產線在未來將分為三個中心，墨西哥生產線負責滿足美洲市場的需求，東歐和摩洛哥將主攻西歐市場，而中國和東南亞則是亞洲市場的生產基地。

美國汽車研究中心（America's Center for Automotive Research）指出，區域化現象源於美國市場需求逐漸偏離全球趨勢。自從特朗普政府拒絕立法規管碳排放量，和推翻奧巴馬時期鼓勵使用具能源效益汽車的國策後，碳排放量較高的汽車例如運動型多用途車（Sports Utility Vehicles）和皮卡車（Pickup Trucks）等，在美國的銷量大增，與全球推動電子汽車的趨勢不同，令汽車製造商不得不把生產線重新定向，變得區域化。

《經濟學人》指出，有汽車製造商在美國對華加徵關稅後，計劃將廠房由中國遷到印度，不過管理層覺得印度的供應商不可靠，所以最後沒有把生產線搬到印度。由此可見，儘管中國的勞工成本上漲以及美國以關稅打壓中國，不過內地擁有完善的基建，生產力高的勞工，加上優良的營商環境，令製造商難以短時間在區內尋找到新的國家替代中國。

二〇一九年七月二十五日及二十八日《明報》

美國贏了貿易戰嗎？

二〇一九年九月一日起美國對三千億美元中國商品加徵百分之十五關稅正式實施，而中國則宣佈向美國推出反制措施，向美國約七百五十億美元進口商品加徵百分之五至百分之十的關稅，並對美國汽車及零部件分別恢復加徵百分之二十五和百分之五的關稅，消息一出，道指隨即急跌六二三點三四點。不過後來雙方同意於十月初在美國華盛頓重啟貿易談判，消息公佈後，道指升逾四百點，反映市場希望雙方能盡快達成協議。

雖然特朗普和他的首席經濟顧問庫德洛（Larry Kudlow）不斷吹噓關稅對中國的打擊遠超對美國的影響，不過數據卻反映中美貿易摩擦愈加劇，對美國經濟傷害其實愈大。

對美國經濟傷害大

《財富》（*Fortune*）雜誌發表文章，指有經濟學家及商界人士不同意特朗普對關稅的主張，有學者甚至形容特朗普的關稅結構對美國來說是「Deadweight Losses」，即完全沒有回報，沒有經濟價值。例如美國對三千億美元中國商品加徵關稅的清單中包括玩具、鞋履、衣服等消費品，將增加美國人在聖誕節送禮的支出，直接影響民生。

由紐約聯邦儲備銀行、普林斯頓大學和哥倫比亞大學學者發表名為《關於二〇一八年貿易戰對美國物價和福利影響》（The Impact of The 2018 Trade War on US Prices and Welfare）的研究指出，由於中國貨品價格已非常便宜，中國出口商在加徵關稅後沒有減價餘地，令加徵關稅的百分比與物價升幅成正比，換言之美國消費者將全數負擔關稅帶來的額外支出。

製造商撤出中國

有製造商為了逃避關稅，把廠房撤出中國搬到越南等地，不過由於越南人口少，工資上升較快，令製造成本上升，將導致物價上漲。另外，中國作為製造業龍頭，若中國貨加價，將會推高市價，其他國家的商品亦會跟隨加價，出現「雨傘效應」（Umbrella

Effect），最後受苦的仍是美國消費者。

《財富》雜誌指出，GoPro 計劃將大部份生產線從中國搬到墨西哥，玩具製造商孩之寶（Hasbro）亦將廠房從中國遷到越南和印度。Levi Strauss、Gap 和 Steve Madden 等服裝鞋履品牌也計劃減少採購中國貨，增加採購越南和孟加拉貨。雖然美國可將收集得來的關稅援助受影響的農民，投資軍事和基建，改善民生，不過當關稅愈升級，美國企業撤出中國的意欲便愈大，即中國出口到美國的貨物會減少，因關稅帶來的收益將隨之減少。

新產地的製造成本上升，其實對美國沒有任何好處，消費者仍需承擔因製造成本上升帶來的額外開支。此外，由於中國已發展製造業多年，擁有完善的基建和強大且熟悉製造不同產品的工人，生產力相對較高。反之新興工業國家的生產力較低，美國不但會失去從關稅帶來的收入，廠商們搬遷後面對的成本可能比中國製造更高，把物價推得更高，最終得不償失。

美國家庭支出急升

根據紐約聯邦儲備銀行的研究，現時美國家庭因貿易戰的影響每年要多支出六百二十美元，若特朗普將所有進口中國貨品加徵百分之二十五關稅，美國的家庭支出將升一倍，經濟學家單偉建（Weijian Shan）博士亦指出美國出口到中國貨品總值將下跌二千億美元。美國二〇一八年的經濟增長是百分之二點九，在二〇一九年第二季度已放緩至百分之二點一，而美國國會預算辦公室預測二〇二〇年增長只有百分之一點七，即少於四千億美元，換言之因出口減少而下跌的二千億美元將拖低美經濟增長至少百分之一。由此可見，關稅是一把「雙刃劍」，沒有任何經濟效益，更沒有贏家。

另一方面，《時代雜誌》（*TIME*）發表的文章指出，鋼卷（Flat Rolled Steel）生產商NLMK USA受貿易戰的影響，訂單下跌，難以在全球競爭，原因是美國從二〇一八年已向中國入口鋼材徵收百分之二十五關稅。製造鋼卷的材料是鋼板（Steel Slab），而美國本身並沒有生產鋼板，生產商以往都倚賴從中國入口鋼板，所以生產商紛紛尋找中國以外的供應商以逃避關稅。由於對非中國生產的鋼板需求增加，令價格上升，導致鋼卷生產商避無可避，必須接受製造成本大幅增加的事實。

鋼卷主要用來生產汽車、機器、農業工具等，對工業極為重要，鋼卷的製造成本上升將增加製造業的整體生產成本，影響深遠。美對華入口貨物的平均關稅在特朗普入主白宮前只有百分之三點一，自二〇一九年九月一日特朗普向一千二百五十億中國貨加徵百分之十五關稅後計，已達百分之二十一點二。

貿易戰沒有贏家

既然美國不是贏家，是否等於中國贏了貿易戰呢？其實貿易戰亦增加了中國經濟的下行壓力。《時代雜誌》指出，截至二〇一九年八月，中國的製造業已連續四個月錄得增長放緩。國際貨幣基金組織（IMF）亦指出中國今年的經濟增長只有百分之六點二，是一九九〇年以來最低。根據清華—卡內基全球政策中心（Carnegie Tsinghua Center）主席、白宮前顧問 Paul Haenle 的分析，貿易戰的發展使中美雙方為保護自己均想辦法向對方增加成本。核心問題是中美兩國各自能抵禦多少損失後才宣佈勝出貿易戰，言下之意即貿易戰沒有贏家。

中國在貿易戰爆發前已深明貿易戰只有輸家的道理，所以已多番表明中國「不願打，不怕打，必要時不得不打」。

既然貿易戰只有輸家，為甚麼仍堅持開打呢？《時代雜誌》指出，貿易戰的出發點並不是達到經濟目的，而是以達到政治目的為首位。例如在最近的日韓貿易戰中，日本宣佈將韓國從信任貿易夥伴名單中移除，並向韓限制高科技材料出口。事件的起因是二〇一八年韓國大法院裁定日本公司需向在二戰期間被日勞役的韓國人賠償。不過其實雙方在一九六五年正式建交後，已簽訂協議，解決韓勞的賠償問題，所以日本認為韓國出爾反爾。不過這種以貿易戰作政治宣示的籌碼用處成疑，甚至有可能升級至武裝衝突。

特朗普想以貿易戰解決中美貿易「不公平」的現象，例如他希望中國政府停止資助國企。不過事實上中國大約百分之八十的出口都來自私營企業，當中約有一半來自沃爾瑪（Walmart）等將生產線設於中國的跨國公司，所以貿易戰無助解決中美間四千一百八十億美元的貿易逆差。根據世界政策研究所（World Policy Institute）的經濟學者詹姆斯諾爾特教授（James H. Nolt）指出，唯一可減少中美貿易逆差的方法是中國主動減少與美國貿易。

照現時情況來看，中美貿易戰將持續，雙方甚至有可能在年底再增加關稅，受影響的商品亦會增加。根據倫敦大學學院（University College London）和倫敦政治經濟學院（London School of Economics and Political Science）的研究指出，若美對華所有商品加徵關稅，美國家庭每年開支將增加九百七十美元。

二〇一九年九月十四日、十七日、二十日及二十三日《明報》

特朗普後欄失火

美國總統特朗普在二〇一九年十月十一日稱美中達成「實質性第一階段協議」，推遲十月十五日對華加徵新一輪關稅。協議內容包括中國將購買價值四百億至五百億美元農產品。美國股市在特朗普公佈消息後急升，不過其後回落，原因是「協議」缺乏正式文本，內容流於空泛。雖然投資者持觀望態度，不過特朗普仍以「愛的節慶」（Love Fest）來形容現時的中美關係，歌頌他為美國爭取的好處。貿易戰已持續多時，為甚麼特朗普會選擇在這個時候宣佈達成初步協議？

我認為是因為特朗普後欄失火。火頭有兩個，第一把火是「烏克蘭門」，第二把火是，特朗普決定在敍利亞撤軍被指出賣盟友庫爾德族人。

所謂「烏克蘭門」，是指有告密者揭露特朗普與烏克蘭總統曾通電話，要求烏克蘭當局對有望出任下屆民主黨總統候選人的拜登（Joe Biden）展開司法調查。民主黨公佈的資料顯示，在特朗普私人律師、紐約市前市長朱利亞尼（Rudy Giuliani）安排下，美國外交官員多次要求烏克蘭總統調查拜登父子，以換取特朗普在白宮款待烏克蘭總統澤連斯基（Volodymyr Zelensky）。美國前國家安全顧問博爾頓（John Bolton）以手榴彈形容朱利亞尼的提議，隨時令所有人「攪炒」。除此之外，特朗普還公開表示，希望中國對拜登父子涉嫌腐敗行為調查。特朗普公然要求外國政府調查拜登，勾結外國力量打擊政敵的行為，令眾議院議長佩洛西（Nancy Pelosi）不得不對特朗普總統啟動彈劾程序。

而美國從敘利亞撤軍，則令盟友庫爾德人面臨被土耳其清剿的命運。庫爾德武裝部隊是美國打擊伊斯蘭國最重要的盟友，庫爾德族人一直想建國。特朗普從敘利亞撤軍，不僅被批評出賣盟友，亦間接加強俄羅斯在中東地區的影響力。

敘利亞自二〇一一年起因阿拉伯之春運動導致內戰至今，期間政府軍、反政府武裝分子、庫爾德武裝部隊和伊斯蘭國陷入混戰，令六百萬人成為難民。美國和俄羅斯分別以打擊伊斯蘭國為名，派軍到敘利亞，不過其實暗地分別支持反政府武裝分子和政府軍以擴大自身在中東的影響力。

庫爾德武裝部隊又名敍利亞民主力量（Syrian Democratic Forces）。庫爾德人是生活於中東的遊牧民族，主要分佈在土耳其、敍利亞、伊拉克和伊朗四國之間的山區，一直想在該區建立國家，不過卻被土耳其、伊拉克等國打壓。美國在打擊伊斯蘭國的戰爭中向他們提供大量武器和支援，是美國在反恐和反對敍利亞巴沙爾政府中最重要的盟友和主力。時至今日伊斯蘭國已被遏制，但敍利亞政府軍因有俄羅斯支援已重新控制超過一半國土，加上美國撤軍，已站在不敗之地。

在美國宣佈撤軍之時，土耳其軍隊已長驅直入敍利亞，目標是建立一個三十二公里的緩衝區，將居於土耳其的敍利亞難民遣返，並剿滅當地的庫爾德武裝部隊。面對精良的土耳其正規軍，庫爾德武裝部隊不得不立刻向敍利亞投降，與敍利亞政府軍結盟抗擊入侵的土耳其軍隊，造成反政府軍和政府軍合作的局面。就算庫爾德武裝部隊能擊退土耳其軍，他們最後都有可能被敍利亞政府軍剿滅，成為最大輸家。由此可見，美國的外交是以利益為主，當新總統上任後，政策可能改變，任何美國支持的國外勢力都只是他們的棋子，沒有利用價值時就會被拋棄。

二〇一九年十月二十日及二十三日《明報》

半導體之戰

美國加州半導體製造商格羅方德（GlobalFoundries）在二〇一九年八月控告台灣積體電路製造公司（Taiwan Semiconductor Manufacturing Company Limited）侵權，突顯科技公司的激烈競爭。《彭博商業周刊》（*Bloomberg Businessweek*）發表文章，講述全球地緣政治對半導體製造的影響。

半導體是一種電導率在絕緣體和導體之間的物質，是製造電腦、手機等電子產品最重要的原材料，矽（Silicon）是半導體中最廣泛應用的材料。美國科技重鎮矽谷（Silicon Valley）就是因為當地過往有不少從事加工矽和其他半導體的企業而得名。

台積電公司成立於一九八七年，總部設於新竹科學園，創辦人是有「半導體教父」之稱的張忠謀博士，是全球最大的半導體加工公司，市值達二千五百三十七億五千四百萬美元。根據《彭博商業周刊》的報道，台積電在半導體加工的市場佔有率達百分之七十四，格羅方德的數據則顯示台積電加工超過九成最高端的半導體。

要理解何為半導體加工，要先從電子產品的製造說起。一般來說科技公司例如蘋果會在美國設計新產品，部件需外判給來自世界各地不同的公司製造，再運到中國大陸的廠房裝嵌。台積電就是負責生產由客戶所設計的晶片。由於晶片製造繁複，需要非常精密的儀器和技術，成本高昂，所以一般科技企業只會負責設計，再交由生產商製造，從而衍生出半導體加工業。

由於半導體是生產高科技產品的重要材料，對國防和航天科技發展日趨重要，所以科技大國對晶片的設計及生產極為重視。半導體加工大多集中在大中華區，包括香港、中國內地和台灣，但貿易戰的關稅和黑名單使科技公司不得不重新審視半導體的供應商，所以格羅方德對台積電的訴訟其實是想將半導體的生產線分拆。《彭博行業研究》（*Bloomberg Intelligence*）估計，半導體生產線將轉到越南、印度等地，中國電子產品的生產將下跌三分之一。由於這些地區並沒有半導體的生產要素，例如廠房、工人和其他基建等，所以難以完全取代大中華區的生產線。

究竟半導體生產線轉移會有甚麼影響呢？《彭博商業周刊》的分析指出，若半導體的生產線分拆為亞洲和西方，這個發展將影響技術轉移，長遠來說將妨礙全球科技創新，最後會增加消費者的成本。例如美關稅清單涉及來自中國的半導體部件，使蘋果手機製造成本上升，公司預計手機銷售將下跌八百萬部，所以蘋果現正積極尋求免稅，以減低成本。另一個例子是自從特朗普上台後，不斷打壓中美間5G網絡的技術轉移，減少互相倚賴，破壞原本的生產線，使不少公司難以在短時間尋找到新的供應商，經營出現困難。

TIRIAS Research 的半導體分析員 Jim McGregor 指出，貿易戰愈長久，分拆生產線的機會就會愈高，最後將沒有贏家。由此可見，大國角力對半導體製造影響深遠。

二〇一九年十一月七日及十日《明報》

美國金融帝國的黃昏

美國在二〇二〇年一月三日空襲伊拉克機場，擊殺伊朗革命衛隊指揮官蘇萊曼尼（Qassem Soleimani）。伊拉克不滿美軍侵犯主權，要求美軍撤走。特朗普立即威脅制裁伊拉克，意圖關閉伊拉克在聯邦儲備銀行的賬戶，令伊拉克沒法處理國際石油交易，斷絕伊拉克的財政來源，足以摧毀其國家經濟。

美國國際事務權威雜誌《外交事務》（*Foreign Affairs*）於一月二十四日刊登一篇題為〈美國金融帝國的黃昏〉（The Twilight of America's Financial Empire）的文章，兩名作者為喬治華盛頓大學（George Washington University）的亨利·法雷爾教授（Henry Farrell）和喬治城大學（Georgetown University）的亞伯拉罕·紐曼教授（Abraham Newman）。他們指出，美國將金融業務「武器化」（Weaponized）作為箝制邦交國的工具，正踏上當年雅典霸權的衰亡之路。

雅典霸權的衰亡

修昔底德（Thucydides）（約公元前四百六十年至四百年）是雅典將軍，亦是重要的古希臘歷史學家。文章引述修昔底德的學說，解釋雅典對盟邦在金融上的霸淩，是自招衰亡的主因。希臘的海軍一度戰勝了波斯帝國，希臘諸多城邦及後為有效防範波斯的侵略，於公元前四百七十八年組成「提洛同盟」（Delian League），由雅典擔任盟主。同盟的名稱源於召開會議的地點提洛島，島上亦保存一份共享資產（Shared Treasury），每個盟邦皆有份貢獻。後來，雅典的統治者伯里克里斯（Pericles）竟將這份資產轉移到雅典，盟邦亦被強制要求向雅典繳納獻金，否則會受到軍事鎮壓。

雅典利用同盟關係謀私，用金融作為武器，迫使盟邦為雅典的利益服務，遇有不服從者便派兵征服，與今天美國的金融霸權沒有區別。雅典的霸權自然引起盟邦不滿，導致他們叛離，加入斯巴達領導的伯羅奔尼撒同盟（Peloponnesian League），對抗雅典的提洛同盟，最終雅典在冗長的伯羅奔尼撒戰爭（公元前四三一年至四〇四年）落敗，而這場曠日持久的戰爭消耗了雅典的實力，雅典從此衰敗。

美國主導金融共享機制

今天美國的金融帝國主義與昔日雅典無異，而且規模有過之而無不及。提洛同盟設有一份共享資產，所有盟邦皆需投入資金，作為盟主的雅典保管，甚至控制此資產的用途。美國和友國亦有類似的金融共享機制，而美國在當中更是作為主導者的角色。文章指出，有關機制體現於「環球銀行金融電訊協會」（SWIFT）、國際通用的美元結算系統，以及聯邦儲備銀行為他國提供的緊急融資。SWIFT營運全球金融的電子網路，銀行和金融機構之間通過SWIFT交換信息，方可完成交易。

SWIFT服務全球二百多個國家和地區的一萬一千多家銀行和金融機構，是全球金融交易的命脈。由於SWIFT的交易主要以美元進行，美國佔的交易份額亦較其他國家大，因此經常被美國利用來制裁敵國，例如SWIFT在二〇一七年終止朝鮮的銀行使用其系統。因此，一旦成為美國的制裁對象，而被SWIFT踢出組織，即等於切斷了與全球金融系統的聯繫，無法與外界交易，此乃美國的「第二階段制裁」（Secondary Sanctions）。

除了對於SWIFT的控制權，美元作為國際結算貨幣的領先地位，加上全球超過二百五十個國家和官方金融機構，將資金託管於美國聯邦儲備體系，凡此種種皆成為美國的金融武器，用於威脅他國，迫使他們屈服，為美國的利益服務，影響的範疇包括限制核武擴散（Nonproliferation）、人權問題，甚至他國的政權更替。文章更指出，美國甚至對盟友實施金融霸權，例如以「第二階段制裁」威脅歐洲諸國放棄挽救美國已退出的「伊朗核協議」。在美國的金融帝國主義下，盟友只淪為美國的附庸國。

美國跌入真正的修昔底德陷阱

美國的金融霸權損人利己，最終導致盟國紛紛叛離，與當年雅典霸權的衰敗路向同出一轍。雅典的衰敗始於與斯巴達對壘的伯羅奔尼撒戰爭，而令兩邦墜入戰爭的原因則被稱為「修昔底德陷阱」（Thucydides's Trap）。

古希臘史學家修昔底德認為「伯羅奔尼撒戰爭不可避免，歸因於斯巴達對雅典崛起的恐懼」（It was the rise of Athens, and the fear that this instilled in Sparta, that made war inevitable）。美國哈佛大學甘迺迪政府學院創院院長阿利森（Graham Allison）提出「修昔底德陷阱」一詞，指新崛起國家對既有大國構成威脅，既有大國必然回應，難免令雙方開戰。然而，文章作者卻認為「修昔底德陷阱」的重點不單是說明新舊大國兩者衝突的必然性，更重要的是指出帝國霸權（Imperial Power）對大國而言是永恆的誘惑，而美國現正墜進「真正的」「修昔底德陷阱」。

美國對霸權的貪慾促使其利用金融優勢意圖鞏固地位，而美國施展霸權的同時亦在製造自毀的條件，換言之，原本深受國際社會信賴的美國金融制度，現變成脅迫大家的武器，導致持份者相繼退出，美國將會不斷失去影響力。文章作者舉例，為對抗美國的金融制裁，土耳其作為北約成員和美國盟友竟與俄羅斯達成本地貨幣結算協議；更甚者，美國的親密盟友英國亦已拒絕美國的要求，容許中國電訊設備商華為參與5G網絡建設。凡此種種彷彿都預示美國金融帝國的黃昏將至，如同雅典的衰敗，招禍取咎，無不自己也。

二〇二〇年二月十四日、十七日及二十日《明報》

令人畏懼的制裁

中美在二〇二〇年一月中簽訂首階段貿易協議，中國同意兩年內以二千億美元採購美國商品。表面上環球經貿關係的緊張局勢漸趨平穩，但事實上國際商務環境正在不停演變，為應對美國的金融霸權尋找出路。一月十八日出版的《經濟學人》（*The Economist*）刊登一篇題為 Spooked by Sanctions 的文章，分析國際社會針對美元主導體制採取的不同措施效果，及對國際金融環境的利弊。

文中指出，美國素來以制裁、徵收關稅，以及禁運等強硬手段對付「黑名單」公司，這些舉動嚇怕其他國家，從而促使他們以各種方法自救，目標脫離以美元壟斷的金融網絡。美元一直主導環球商務，國際至少一半的交易發票是以美元作媒介，而大部份的跨境交易最終都會在紐約結算。自二〇〇一年九一一恐襲開始，美國便以美元體制作為地緣政治武器（Geopolitical Weapon），而總統特朗普更變本加厲，以制裁手段作為主要的外交政策工具，甚至對盟友實施所謂「第二級別制裁」（Secondary Sanctions），亦即懲罰任何與美國黑名單對象交易的國家，威脅把他們剔除於美國的金融系統，令他們不能與其他國家交易，對他們的國家經濟造成致命打擊。

面對可怕的制裁，各國採取不同的方法以圖脫離對美元的依賴。俄羅斯正全面地在貿易往來、外債，以及銀行資產等範疇「去美元化」（De-dollarised），俄羅斯的能源巨企已經開始以盧布（Rouble）作為合同的交易貨幣；中國與俄國、印度等國家亦正簽訂以本國貨幣結算的多邊貿易協議；歐洲則建立交易機制「INSTEX」以避過美國制裁措施與伊朗進行貿易；中國和歐洲的央行銀行家亦正探求以電子貨幣降低跨境支付成本的方案。

國際社會的動作，可能令環球金融體系重獲平衡。但這些方法仍不足以威脅美元的國際地位，各國一再挑戰美國的金融主導角色，對於世界的影響有利有弊。

首先，歐洲用以繞過美國與伊朗進行貿易的機制 INSTEX 尚未投入運作，而受美國控制的環球金融交易網絡 SWIFT 仍難以被任何替代品取代，加上美股持續強勢，現時世界金融市場中絕大部份衍生工具皆與美元掛鈎，都證明美元地位依然牢固不破。

文章亦指出美元的挑戰者都有自己的軟肋，例如歐元區缺乏統一的金融和貨幣政策，令歐洲央行作宏觀經濟調控的施政空間有限。歐元區亦缺乏如美國國庫債券般的「零風險」避險資產。因為美國政府的公信力被國際認可，市場相信美國不會出現違約行為，因此美債的利率公認是「零風險」，但市場對歐元區的主要避險資產德國國債的信心較弱。德國於二〇一九年發行二十億歐元的三十年期債券，市場反應冷淡，亦同時反映德國正面對經濟衰退。

美元經受多方面挑戰，長遠為不同的國際儲備貨幣（Global Reserve Currencies）締造更平衡的局面，藉此加強全球金融系統的抗震能力，但文章亦指出這個長遠願景實現前，難關重重。

首先，美國為應對挑戰可能實施更強硬的制裁，例如持有萬億美元資產的中國就是絕佳目標，大國較勁必然造成世界金融震盪；而隨着美國金融愈趨政治化，他國市場和銀行將失去可靠的緊急融資者；更有經濟學家相信世界缺乏金融霸權是導致當年大蕭條（Great

Depression）的原因之一，所以美國的金融霸權得以保持，是好是壞，未知；但美國的金融霸權能否保持，也是未知。

二〇二〇年三月九日及十二日《明報》

www.cosmosbooks.com.hk

書　　名　臨界點
作　　者　葉劉淑儀
責任編輯　郭坤輝　宋寶欣
統　　籌　霍詠詩
協　　力　黃詠儀　陳閱川　黃瀞蘭　葉朗澤　黃知勇　陳英偉
　　　　　夏久菊　李儀雯　譚美詩　謝詩曜　楊家浚
封面設計　郭志民
美術編輯　楊曉林
封面攝影　李文錫
出　　版　天地圖書有限公司
　　　　　香港黃竹坑道46號
　　　　　新興工業大廈11樓（總寫字樓）
　　　　　電話：2528 3671　傳真：2865 2609
　　　　　香港灣仔莊士敦道30號地庫／1樓（門市部）
　　　　　電話：2865 0708　傳真：2861 1541
印　　刷　亨泰印刷有限公司
　　　　　柴灣利眾街德景工業大廈10字樓
　　　　　電話：2896 3687　傳真：2558 1902
發　　行　香港聯合書刊物流有限公司
　　　　　香港新界大埔汀麗路36號中華商務印刷大廈3字樓
　　　　　電話：2150 2100　傳真：2407 3062
出版日期　2020年6月／初版

ISBN ： 978-988-8548-78-1